中华老字号

中华老字号

북경 상점
北京老字號

일러두기
1. 표기는 기본적으로 독음으로 표기한다. 왜냐하면 외래어 표기법에 따르면 1911년 중국 신해혁명을 중심으로 이전은 독음으로 표기하고 신해혁명 이후는 중국어 발음으로 표기하는 것이 원칙인데, 대부분의 노자호는 신해혁명 이전에 만들어진 것이기 때문이다. 예를 들면 '취엔쥐더(全聚德)'라고 말한다면 이 가게는 단순히 오리구이를 파는 유명한 가게지만, '전취덕'이라고 말한다면 이 가게는 100년 이상의 전통을 가졌음을 의미한다.

1. 중국 화폐 단위는 원(元). 우리나라 원화와 구분하기 위해 元으로 표기한다.

100년 혹은
오랜 역사를 지닌
상점들의
私的 이야기

북경 상점
北京老字號

조경환 지음

책을 펴내며

800년 고도古都의 오래된 상점들에 관한 특별한 이야기

나에게 있어서 북경은 특별한 도시이다. 만일 북경에 1년 반 동안 어학연수를 가지 않았더라면 나는 지금과는 완전히 다른 길을 가고 있을지 모르기 때문이다.

90년대 북경에 대한 나의 첫 인상은 마치 우리나라 70년대의 서울 모습과 비슷했다. 미로와 같은 좁은 골목길인 '호통胡同'과 전통 시장들, 북경 대기 오염의 주범으로 낙인찍혀 북경 올림픽 이전에 사라진 '빵차面包', 자전거들의 기나긴 행렬이 나의 시선을 사로잡았었다. 이후에도 북경을 단기간씩 다닐 일이 있었는데 갈 때마다 몰라볼 정도로 변하는 북경의 모습에 놀라면서 한편으로는 북경이 급격한 현대화와 서구화로 인해 예전의 모습을 잃는 것 같아 안타까운 마음도 들곤 했다.

그런 와중에 2011년 여름, 북경 제2외대에서 중국어 교사 연수를 받을 기회가 있었다. 학회 일정에 쫓겨 정신없이 머물 때와는 달리 느긋하게 북경에서 지내는 도중 어느 날 TV에서 전문 거리에서 문화대축제를 한다는 소식을 접하게 되었다. 전문 거리와 대책란 거리에는 전취덕, 동인당, 내연승, 서부상 등 오래된 전통을 자랑하는 상점들이 집중된 곳으로 이 거리를 거닐며 상점들을 구경하다 보니 예전에 희미하게 남아 있던 기억이 새록새록 떠올랐다.

그렇게 예전의 추억 속에 잠겨 있다가 갑자기 문득 이런 북경의 오래된 상점들을 소개하고 싶다는 생각이 뇌리를 스쳤다. 전취덕이나 구부리 등 몇몇 오래된 상점들을 제외한 대부분의 노자호들이 우리나라 사람들에게 있어서는 아직 낯설기도 하고, 설령 소개되었다 하더라도 단편적인 설명에 그쳤기 때문이다.

예를 들면 전취덕全聚德은 북경 오리 요리의 대명사로 잘 알려져 있지만, 간판의 '德'자에서 필획이 하나 빠져 있다는 점과 원래 전취덕이 아니라 덕취전이라는 이름을 가졌다는 사실은 그다지 알려져 있지 않다. 전취덕에서 그리 멀리 않은 거리에 우리나라 사람에게는 다소 생소한 소맥燒麥을 파는 도일처都一處라는 가게가 하나 있다. 이 도일처라는 이름은 건륭 황제가 직접 하사한 것인데, 당시 구멍가게 수준이었던 이 작은 가게에 어떻게 황제가 직접 이름을 하사하게 되었는지에 관해서도 흥미로운 일화가 있다. 이 외에도 영화 속에서나 구경할 수 있었던 만한전석滿漢全席을 파는 방선반장仿膳飯莊, 중국 최초의 영화를 상영한 대관루大觀樓, 무려 500년이나 장아찌를 팔아온 육필거六必居, 중국 국가 원수들이 즐겨 썼던 모자를 파는 성석복盛錫福, 무엇이든 자른다는 가위를 파는 왕마자王麻子 등 다양한 상점들이 북경에는 있다.

하지만 책을 쓰기로 마음을 먹은 이후 가장 큰 어려움은 전취덕, 서부상과 같은 큰 노자호를 제외하고는 북경의 오래된 상점들에 대한 기본 자료가 부족하다는 사실이었다. 결국 직접 가서 자료를 수집하고 취재하는 수밖에 없었는데, 일부 상점은 팸플릿뿐만 아니라 박물관까지 갖춘 경우도 있었지만 일부 상점은 소개 자료가 전혀 없는 경우도 있어 적잖이 어려움이 따랐다.

대부분의 상점 주인들은 친절하게 대해 주었는데, 특히 휴가 기간임에도 불구하고 일부러 나와 박물관을 구경시켜 주신 왕마자 가위 박물관장님께 감사의 말을 전한다. 취재를 하는 과정에서 일부 상점은 사진 찍는 것에 대하여 난색을 표한 경우도 있었으나 이런 경우 부득이 양해를 구하며 찍었다. 사실 같은 가게라고 하더라도 어느 날은 촬영이 되고 어느 날은 촬영이 안 되는 등 일정한 기준이 없어 난감했던 기억이 있다.

이 책이 나오게 된 데에는 특히 아내의 공이 컸다. 아내는 여성 특유의 섬세한 시각으로 필자의 부족한 점을 채워주었다. 또한 이 책의 내용에 관하여 여러 조언을 아끼지 않으셨던 은사 최규발 선생님께 감사드리며, 흔쾌히 출간을 허락해 주신 생각을담는집 출판사 대표님께도 감사드린다.

2013년 5월

조 경 환

목 차

004 책을 펴내며

012 들어가는 말

016 북경 오리구이의 대명사
전취덕全聚德

032 북경 오리구이의 원조
편의방便宜坊

042 건륭 황제도 반한 소맥 요리점
도일처都一處

056 차 한 잔의 여유를 느낄 수 있는
오유태 찻집吳裕泰茶館

068 오유태와 쌍벽을 이루는 찻집
장일원張一元

Plus 15세기부터 북경상점의 중심지
전문대로前門大街**와 대책란 거리**大柵欄街

084 왕족이 신던 전통 신발가게
내연승 內联昇

098 노북경 스타일을 완성하는 모자 가게
성석복 盛锡福

108 양고기 샤브샤브, 쇄양육 대표 음식점
동래순 東來順

122 이슬람식 양 불고기 전문점
고육계 烤肉季

Plus 과거와 현재가 함께하는
십찰해什刹海거리와 연대사가煙袋斜街

136 중국 최고의 약방
동인당 同仁堂

144 우정을 제외하고 모든 것을 자른다는 가위·칼 가게
왕마자 王麻子

Plus 왕마자와 쌍벽을 이루는 가위 가게
장소천 張小泉

156	500년 된 장아찌 가게 **육필거** 六必居
Plus	100년 이상 장아찌와 간장을 판매하는 **천원장원** 天源醬園
168	미식가 서태후도 극찬한 만두 가게 **구부리** 狗不理
178	화려한 비단의 향연 **서부상** 瑞蚨祥
Plus	서부상과 쌍벽을 이룬 비단 가게 **겸상익** 謙祥益
192	문방사우 전문점 **영보재** 榮寶齋
200	노북경식 만둣국 전문점 **혼돈후** 馄饨侯
Plus	북경 최대 번화가 **왕부정** 王府井 **대로**
212	중국 황실 요리를 맛볼 수 있는 **방선반장** 仿膳飯莊

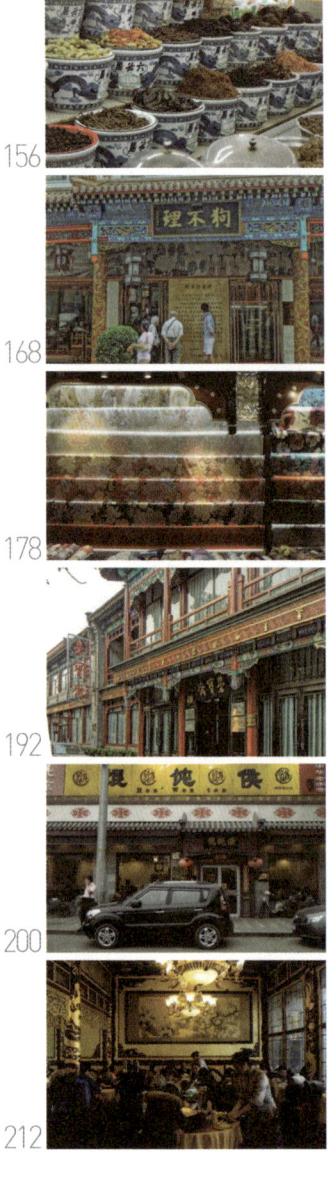

224	중국 영화의 탄생지 **대관루** 大觀樓
232	전통 인문학 출판사 **상무인서관** 商務印書館
Plus	북경 시내 가볼 만한 서점들 **왕부정서점, 중국서점, 만성서원**
246	가장 오래된 붓 전문점 **대월헌** 戴月軒
256	중국 전통 과자 전문점 **북경도향촌** 北京稻香村
264	북경에는 짜장면이 없다 **노북경작장면을 찾아서** 노북경작장면대왕, 노북경작장면, 영풍유면
Plus	사천의 대표국수 단단면을 맛볼 수 있는 **력력** カカ
280	나오는 말

들어가는 말

"북경은 내가 보았던 세계에서 가장 아름다운 도시가 될 수 있을까? 어쩌면 나는 좋은 시절에 처음으로 그 도시를 스쳐 지나가며 보았을 뿐이다."

-니코스 카잔차스키의 《일본·중국기행》에서

《그리스인 조르바》로 유명한 그리스의 대문호 니코스 카잔차스키는 격동의 시기인 1935년에 북경을 방문했음에도 불구하고 북경에 대한 인상이 깊었던지 죽기 바로 직전인 1957년에 다시 북경을 방문하였다. 비단 카잔차스키뿐만 아니라 오늘날에는 수많은 사람들이 중국, 특히 북경으로 여행을 가거나 유학을 가고 있다.

북경은 요·금·원·명·청대의 수도로서 중국의 대표적인 고도이다. 따라서 북경에는 자연스럽게 오랜 역사를 자랑하는 상점들이 많이 있다. 물론 우리에게 너무나 친숙한 상점들도 있고, 처음 듣는 상점들도 있다. 이 책에서는 소위 '노자호老字號'라고 불리는 북경의 오래된 상점들을 소개하고, 그 상점들에 대한 정보 및 그들이 어떻게 해서 그렇게 오랜 세월 동안 유지

될 수 있었는지에 관해서도 이야기해 보고자 한다.

여기에서 '자호字號'는 '상점, 상호'라는 의미를 갖고 있다. 노자호의 공식적인 의미는 '장기적인 생산과 경영활동에 있어 중화민족의 우수한 문화전통을 계승하고, 지역문화의 특징과 역사 흔적을 지니고 있으며, 독특한 기술과 경영방식을 견지하고, 사회적으로 광범위한 인정과 신뢰를 획득한 상점 및 그 상점의 상품'이다. 쉽게 말해 노자호란 '대부분 100년 이상의 역사를 가진 오래된 상점'을 의미한다.

중국 상무부에서 공식적으로 인정하는 노자호 인증 마크.

노자호에게는 중국 상무부가 공식적으로 일종의 인증 마크를 부여한다. 따라서 어떤 상점들은 스스로 100년 이상의 역사를 지녔다고 자랑하지만 그 상점에서 이 공식적인 인증 마크를 찾을 수 없다면 의심해 볼 필요가 있다. 통계에 따르면 현재 북경의 노자호는 약 320여 개가 있으며 그 중에서도 100년 이상의 노자호는 90여 개가 있다. 북경의 노자호는 여러 가지 방식으로 구분할 수 있다. 설립 시기에 따라 명·청明淸 시기 이전에 설립된 노자호, 청말淸末부터 중화공화국 성립 이전1900~1949년에 설립된 노자호, 신중국新中國 성립 이후 시기1949~1956년에 설립된 노자호 등으로 구분할 수 있다. 또는 업종에 따라 음식점, 찻집, 반찬 가게장아찌, 문구점, 약방, 비단 가게 등으로 구분할 수 있다.《북경상점》에서는 일반인들이 많이 찾고 여행자들이 쉽게 찾아갈 수 있는 곳들을 중심으로 소개한다.

20세기 초만 하더라도 노자호는 만여 개에 이르렀다. 그러나 외세와의 전쟁과 전통을 타파하는 문화대혁명의 여파로 대부분 사라져 버렸으며, 오늘날에는 몇백 개만이 남아 있을 뿐이다. 힘겹게 살아남은 가게들 역시 커다란 타격을 받기는 마찬가지였다. 예를 들면 청대부터 유명한 한약방이었던 동인당은 문화대혁명 때 홍위병에 의해 300년이나 된 현판이 불타버렸으며, 또한 북경중약北京中藥으로 이름을 바꾸었다가 1979년에서야 다시 동인당이라는 이름으로 장사를 재개할 수 있었다.

건륭황제가 이름과 현판을 내려 유명한 도일처都一處 역시 문화대혁명 때는 연경소맥관燕京燒麥館으로 개명하였다가 1981년도에 다시 이름을 회복하였다. 북해공원 안에 있는 궁중요리 전문점 방선반장仿膳飯莊은 문화대혁명 때 북해공원이 문을 닫자 함께 문을 닫았다가 1978년에서야 다시 문을 열었다.

이러한 격동의 세월 속에서도 살아남은 노자호들은 비록 물리적인 타격은 입었지만 그들에게는 백 년 넘게 이어온 그들만의 노하우와 브랜드라는 무형의 자산이 남아 있다. 그것이 바로 오늘날까지 북경 최고의 자리를 지킬 수 있는 비결인 것이다.

그럼 이제 북경의 오래된 상점들을 구경해 보도록 하자.

북경 오리구이의 대명사
젼취틱 全聚德

❖ 1864~

'만리장성에 오르지 않으면 남자가 아니고, 전취덕 오리구이를 먹지 못하면 유감'이라는 말이 있을 정도로 북경 오리구이의 대명사는 전취덕이다. 주은래 전 총리는 생전에 국빈을 대접하는 장소로 전취덕을 27번이나 방문했다. 번호표를 들고 기다려야 하는 전취덕 이야기.

주　　소 東城區前門大街30號
영업시간 11:00 ~ 13:30
　　　　 16:30 ~ 20:00
전　　화 65112418 / 67011379

천안문, 고궁, 천단공원, 그리고 북경 오리구이北京烤鴨 또는 Beijing Duck 등은 우리가 북경 하면 흔히 떠올리는 것들이다. 그리고 북경 오리구이라고 하면 십중팔구 '전취덕'을 첫손으로 꼽는다.

북경 오리구이의 대명사인 전취덕은 1864년 양전인이라는 사람이 문을 열었다. 양전인은 하북 지방 사람으로 북경에 와서 처음에는 닭과 오리를 팔다가, 다년간의 경험을 바탕으로 전취덕이라는 식당을 열게 되었다.

그런데 흥미롭게도 전취덕이라는 지금의 이름은 처음에는 이와 정반대인 '덕취전德聚全'이라고 불렀다. 양전인이 인수한 가게는 원래 말린 과일을 팔던 가게였는데, 그 가게 이름이 덕취전이었기

전취덕의 창시자 양전인.

때문이다.

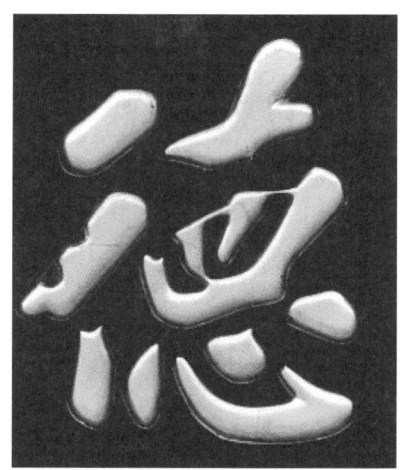

전취덕의 '德'자. 필획이 하나 빠져 있다.

야심만만하게 시작한 덕취전은 개업 초기에는 장사가 시원찮았다. 걱정 끝에 양전인은 풍수가를 불러 가게의 풍수를 보았는데, 풍수가는 가게의 이름을 덕취전에서 전취덕으로 바꿔야 한다고 했다. 이유는 '덕德'자를 맨 앞으로 빼내 가게의 덕이 이미 모두 모였음을 알려야만 가게가 잘된다는 것이었다.

양전인은 풍수가의 조언에 따라 바로 가게 이름을 전취덕으로 고쳤는데, 이때부터 정말로 장사가 서서히 잘되기 시작했다고 한다. 물론 믿거나 말거나 한 이야기겠지만 어쨌든 전취덕이 계속 부진을 면치 못했다면 오늘날 우리는 아마도 전취덕의 오리구이를 맛볼 수 없었을지도 모른다.

전취덕 현판에 관한 흥미로운 이야기가 하나 더 있는데, 바로 전취덕의 '덕德'자에 관한 것이다. 눈썰미가 있는 사람이라면 빨리 알아차릴 수도 있는데, '德'자를 보면 필획 중 하나가 빠져 있는 것을 알 수 있다.

이것에 관해 설왕설래하지만 가장 널리 알려진 일화는 풍수가의 조언에 따라 가게 이름을 '덕취전'에서 '전취덕'으로 바꾸기로 한 양전인이 당대 유명 서예가 전자룡을 초빙해 잘 부탁한다고 술을 대접한다는 것이 너무 오버를 해서 그만 전자룡을 만취하게 했다. 다음날 전자룡은 술이 덜 깬 상태에서 글씨를 썼는데, '德'자의 필획 하나를 실수로 그만 빠뜨리고 말았다.

그런데 상당히 꼼꼼한 사람으로 알려진 양전인이 과연 전자룡의 실수를 몰랐을까? 의구심을 갖고 있던 중 최근 중국 학자 임학명任學明이 흥미로운 이야기를 하였다. 옛날에는 덕德자의 서법이 두 가지가 있었다는 것이다. 즉 하나는 오늘날과 같은 것이며, 다른 하나는 전자룡이 쓴 것과 같이 하나의 필획이 빠진 것이라고 하였다. 그 증거로는 강희 황제가 쓴 대학비大學碑에도 역시 '德'자에 필획 하나가 빠져 있다는 것이다.

임학명의 말이 사실인지 나는 북경에 간 김에 한번 확인해 보고 싶어 국자감을 방문하였다. 강희 황제의 대학비는 원·명·청나라의 최고 교육기관이라고 할 수 있는 국자감에는 건륭 황제의 십삼경비十三經碑와 함께 전시되어 있었다.

그런데 실제로 가서 본 대학비의 '德'자는 너무 흐려 필획이 있는지 없는지 구분하기가 힘들었다. 그래서 좀 더 명확하게 보기 위해 사진에 효과를 넣어 보니 임학명의 설명과는 달리 '德'자는 필획이 빠져 있지 않았다. 혹시나 해서 건륭 황제의 십삼경비를 찬찬히 살펴봤는데 흥미롭게도 건륭 황제가 '德'자를 3개의 필체로 쓴 문장을 발견할 수 있었다. 그러나 필획이 빠진 것은 하나도 없었다.

임학명의 설명은 그럴싸하지만, 그는 대학비를 직접 확인하지는 않은 것 같다. 이로써 전취덕의 '德'자에 관한 미스터리는 여전히 미궁 속에 있는데, 정말 전자룡이 실수로 필획을 빠뜨렸는지는 오직 글씨를

1_ 국자감에 있는 건륭 황제의 십삼경비.

2_ 강희 황제의 대학비와 대학비에 새겨진 '德'자. 필획이 정확하다.

북경 상검

패스트푸드점

쓴 전자룡 본인만이 알고 있을 것이다.

전취덕은 북경에만도 여러 개의 분점들이 있는데, 먼저 본점이 있는 전문 대로로 가 보았다. 전문 대로 중간쯤에 있는 전취덕 건물은 멀리서도 한눈에 알아볼 수 있을 만큼 눈에 띈다.

전취덕 본점은 위와 같이 크게 세 부분으로 나뉘어 운영되고 있다.

첫 번째 부분은 패스트푸드 스타일로 세트 메뉴가 주를 이루는 오리구이를 보다 빠르고 간편하게 먹을 수 있는 곳이다. 전취덕을 처음 방문하는 사람들은 이곳이 전취덕의 메인 식당인 줄 알고 들어가는 경우도 종종 있다.

포장 판매점

본관으로 들어가는 입구

전취덕 본점은 패스트푸드점, 포장판매점, 본관 식당 등으로 운영된다. 포장판매점에 줄이 길게 늘어서 있다.

전취덕 패스트푸드점에 들어서면 작은 주방에서 오리를 굽는 요리사들의 모습이 보인다. 1인 세트가 120元약 2만1000원이며, 2인은 276元약 4만9000원, 3인은 445元, 4인은 561元, 5인은 704元, 6인은 849元이다.

전취덕 건물 두 번째 부분은 포장 판매점이다. 멀리서 보았을 때는 전취덕 본관에 들어가려고 늘어선 줄인 줄 알았는데, 알고 보니 포장용 오리구이를 구입하기 위한 줄이었다. 포장된 오리구이는 1세트에 140元약 2만5000원 정도 하는데, 진공 포장된 오리는 0~4℃에서는 3개월간, 상온에서는 3일 정도 보관할 수 있다고 한다. 중간 중간에 점원이 오리가 다 팔렸다고 나중에 오라고 큰 소리로 외치기도 하는데, 한 아

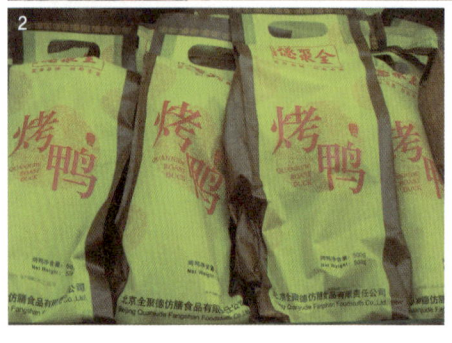

1_ 포장 오리구이를 구입하기 위해 길게 늘어선 줄.

2_ 일반 마트에서도 쉽게 구입할 수 있는 전취덕 포장 오리구이.

저씨가 본인은 매진 전에 구입을 했다며 한 손에 봉지를 높이 들고 상당히 뿌듯한 표정으로 돌아갔다.

전취덕의 본관 입구 왼쪽 기둥에는 중국 최고의 먹거리라는 의미의 '중국제일흘中國第一吃', 오른쪽 기둥에는 천하제일의 가게라는 의미의 '천하제일루天下第一樓'라고 쓰인 현판이 걸려 있다. 정말 대단한 자부심이 아닐 수 없는데, 실제로 전취덕에 관한 TV 연속극과 연극 제목 역시 〈천하제일루〉였다고 한다.

복도를 따라 들어가면 오리지널 전취덕의 모습이 보인다. 입구 벽에는 이곳이 전취덕 원래 본점임을 표시하는 석판이 새겨져 있다. 그리고 한쪽에 전취덕의 역사를 소개한 작은 현판과 1930년대의 메뉴판을 비롯해서 오리 굽는 모습, 1950년대의 전취덕 모습과 장부, 그리고 금고 등을 일목요연하게 정리해 놓음으로써 전취덕의 발자취를 간단하게나마 더듬어 볼 수 있게 하고 있다.

밖의 긴 줄에 비해 줄이 없는 듯해 혹시나 쉽게 식사를 하나 했더니 역시나 번호표 한 장을 준다. 대기 17번째. 오후 5시, 저녁 식사 시간치고는 조금 이른 시간임에도 불구하고 사람이 많았다. 그리고 오리구이를 다 먹고 나왔을 때에는 저녁 시간인 만큼 들어갈 때와는 상대가 안 될 정도로 많은 사람들이 장사진을 이루며 기다리고 있었다.

번호표를 들고 순번을 기다리면서 요리사들의 오리 굽는 모습을 구경했는데, 나 같은 외국인뿐만 아니라 중국 사람들도 구경하는 사람들이 적잖았다. 내국인들 사이에서도 전취덕에 오는 것은 자랑거리라고 하는데 그 말을 실감할 수 있었다.

본관 이곳저곳을 구경하며 한참을 기다린 후에 테이블로 안내를 받았다. 메뉴판을 보니 가격이 만만치 않다. 비교적 저렴한 오리 영양세트가 288元 약 5만 원.

요리를 주문하고 얼마 안 돼 요리사가 우리 테이블 앞으로 잘 구워진 오리 한 마리를 가지고 와 직접 살을 발라주었다. 요리사는 마치 《장자莊子》에 나오는 '포정庖丁'이나, 영화 〈신용문객잔新龍門客棧〉에서 보았던 요리사처럼 능숙하게 오리를 부위별로 발라냈다. 오리구이는 원래 황실 요리였는데, 요리사가 직접 발라주는 모습을 보다 보니 순간 내가 황제라도 된 듯한 착각이 들었다.

요리사가 가장 먼저 썰어준 부위는 오리 목 뒷부분의 껍질이다. 윤기가 좌르르 흘러 느끼할 것만 같았는데 예상과 달리 어찌나 부드럽던지 정말이지 입안에서 살살 녹았다.

오리는 전체적으로 잘 구워져서 매우 부드러웠다. 오리구이는 고기만 먹는 것보다는 파채와 함께 밀전병에 싸서 먹으면 약간의 느끼함도 없이 쫄깃하고 담백한데, 순간 와 하는 감탄사가 절로 나온다. 함께 마신 국화차 또한 입안을 개운하게 했다.

과연 "만리장성에 오르지 않으면 남자가 아니고, 전취덕 오리구이를 먹지 못하면 유감이다."라는 말이 그대로 가슴에 와 닿았다.

북경 오리구이에 쓰이는 오리는 특히 살이 많은데, 이는 '전압'이라는 사육방식 때문이라고 한다. 전압은 오리를 45일 정도 좁은 암실에

오리를 굽는 요리사
들과 테이블에 와서
오리고기를 발라 주
는 요리사.

북경 상점

1_ 중앙 홀에서 오리 구이를 먹는 사람들.

2_ 부위별로 골고루 발라진 오리고기는 파채를 곁들여 밀전병에 싸 먹는다.

가두고 사료를 입 속으로 가득 밀어 넣어 살찌우는 것인데, 이러한 방식은 19C 중엽에 쓰인 하증전의 《수원식단보정隨園食單補証》에도 기록되어 있을 정도로 오래 전부터 쓴 사육 방법이다.

전취덕에서는 오리를 불 위에 걸어 과일 나무대추나무, 배나무, 복숭아나무 등 장작으로 약 45분간 굽는데, 이런 방식을 '괘로'라고 한다. 예전에는 30분 정도 구웠지만, 최근 웰빙 바람과 함께 45분으로 연장했다고 한다. 이렇게 오리를 구우면 오리고기의 지방 함유량이 떨어지고, 껍질은 바삭해지며, 고기에는 과일나무의 향이 밴다. 일단 한번 맛을 보면 전취덕의 매력에 빠지지 않을 수 없는 비결인 것이다.

전취덕 특유의 이러한 오리구이 방식은 1대 요리사인 손소변으로부터 시작되었다고 한다. 손소변은 원래 궁정 요리사였는데 전취덕으로 스카우트 된 후에 우선 전취덕의 화덕부터 고치고, 자신의 궁정 오리구이 요리 기술을 접목시켜 전취덕의 오리구이 품질을 단숨에 최고의 경지에 올려놓았다.

전취덕 이전에도 이미 북경에는 오리구이로 유명한 음식점인 '편의방'이 있었는데, 편의방은 전취덕의 괘로방식이 아닌 화덕 벽의 열기로 오리를 굽는 민로 방식으로 오리를 구웠다. 당시 일반 대중들은 편의방의 이러한 전통적인 방식과는 완전히 다른 전취덕의 방식에 완전히 매료되었다. 전취덕의 이러한 오리구이 방식은 2008년 국가급 비물질 문화유산으로 등재되었다.

오리 시식에 여념이 없었던 나에게 종업원이 기념카드 한 장을 갖다 줬다. 이 카드에는 숫자가 새겨 있었는데 내가 1억 4834만 5812번째 오리를 먹고 있다는 일종의 증서인 셈이다. 요리사가 나와서 직접 요리를 해주는 방식과 소소한 이벤트이긴 하나, 이렇게 증서를 주는 것 역시 고객으로 하여금 특별한 추억을 갖게 해주는 전취덕만의 마케팅이라는 생각이 들었다. 간혹 이러한 기념카드를 종업원이 깜박하는 경우도 있는데 종업원에게 부탁하면 갖다 준다.

전취덕에는 그동안 상당히 많은 유명 인사들이 방문했다. 전취덕 내부 벽에는 세계적인 뮤지션 야니, 축구선수 펠레, 아라파트 전 팔레스타인 자치정부 수반 의장, 부시 전 미국 대통령 등 여러 해외 유명 인사들이 방문한 인증사진들이 한가득 걸려 있다.

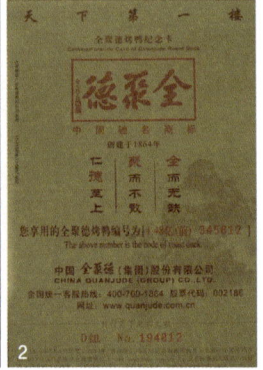

1_ 괘로 방식으로 오리를 굽는 모습을 재현한 동상.

2_ 소소하지만 의미를 부여하는 기념 카드. 전취덕에 대한 주은래의 말이 써 있다.

전취덕에는 많은 유명 인사가 다녀갔다. 사진은 가이후 도시키 전 일본 총리와 아라파트 전 의장.

모택동은 "전취덕은 영원히 보전해야 한다. 全聚德要永遠保存下去"라며 전취덕을 높이 샀다. 그러나 전취덕이 중국을 넘어서 세계적으로 유명해지게 된 결정적인 역할을 한 사람은 다름 아닌 주은래 전 총리이다. 그는 생전에 전취덕을 27차례나 방문했다고 한다. 그것도 단순히 개인 자격으로 방문한 것이 아니라 해외 국빈이 중국을 방문했을 때 만찬을 위해 자주 전취덕을 찾았다. 해외 국빈이 주은래 총리에게 전취덕이 어떤 곳이냐고 물었을 때 그는 다음과 같이 말했다고 한다.

"전취덕은 완전하여 부족함이 없으며, 모여서 흩어지지 않으며, 인과 덕은 가장 높은 곳에 이르렀다. 全而無缺, 聚而不散, 仁德至上"

역시 전취덕의 열렬한 애호가다운 풀이라고 할 수 있는데, 이 문구는 기념 카드에 그대로 쓰여져 있다.

북경 오리구이의 원조
편의방 便宜坊

❖1416~

전취덕보다 먼저, 무려 600여 년 동안 북경 사람들의 입맛을 사로잡은 오리구이집 편의방. 직접 불에 굽는 것이 아닌, 화덕 열기로 오리를 익히는 편의방 오리구이는 맛이 쫀득쫀득하며 껍질은 바삭하고 고소한 맛을 낸다.

주　소 선어구점
東城區前門鮮魚口街4-6
영업시간 11:00 ～ 15:00
　　　　 17:00 ～ 21:00
전　화 67132535

　　　　　　사실 북경 오리구이는 남경 판압에 그 뿌리를 두고 있다. 판압은 소금에 절인 후 납작하게 말린 오리라는 의미인데, 이는 중국 남조의 마지막 왕조인 진나라 초대 황제인 진패선이 북제와 전쟁할 때 백성들이 오리를 소금물에 넣고 삶은 다음 판자로 꽉 눌러 납작해진 것을 보고 이름 붙인 데서 유래한 이름이다. 특히 명나라 태조 주원장은 판압 오리 요리를 좋아했다고 하는데, 주원장이 이렇게 오리구이를 좋아하다 보니 자연스럽게 오리 요리에 대한 조리법 역시 발전하게 된 것이다.

　사실 전취덕보다 더 오랜 기간 북경에서 사랑을 받아온 오리구이 가게는 '편의방'이다. 편의방은 '편리하고 사람들의 마음에 들게 오리구이를 맛볼 수 있는 곳'이라는 의미이다. 편의방은 여러 면에서 전취덕과 대조적이다.

　편의방은 왕씨 성을 가진 사람이 1416년에 처음 가게를 열었다고

선어구 입구에 위치한 편의방. 오른쪽 건물이다.

하니 거의 600여 년 동안이나 명맥을 이어온 셈이다. 전문 대로의 선어구에 위치한 편의방은 1855년에 문을 연 것이다. 편의방은 한때 32개의 분점이 있을 정도로 장사가 잘됐으나 1949년부터 선어구와 숭문문 편의방만 남게 되었다고 한다.

편의방이 유명하게 된 데에는 명대의 관리였던 양계성의 공이 컸다. 1552년, 당시 양계성은 조정에서 모함을 받아 울적한 마음을 달래기 위해 거리를 배회하고 있었다. 그런데 어디에선가 맛있는 냄새가 나서 따라갔더니 작은 가게에서 오리구이를 팔고 있었다. 마침 출출했던 양계성은 오리구이를 시켜 먹었는데, 그 오리구이가 어찌나 맛있는지 마음의 답답함이 단박에 사라졌다.

양계성은 "이 가게의 오리구이는 편리하면서도 마음에 든다!"라고 극찬하면서 이후 자신뿐만 아니라 많은 조정 대신들을 데리고 와서 함께 먹었다고 한다. 이때부터 편의방의 명성이 천하에 알려지게 되었다. 청대의 건륭 황제 역시 편의방 요리를 좋아하여 황실 요리점에 '파합방'이란 것을 설치했는데, 파합방은 편의방의 만주어이다.

전취덕은 전문 대로 한복판에 있어 찾기 쉬운 반면, 편의방은 찾기가 그다지 쉽지 않다. 전문 대로를 중심으로 오른쪽으로 대책란이 있고, 왼쪽으로는 선어구 거리가 있다. 이 선어구 거리 맨 끝에 편의방이

편의방 깃발과 편의방 입구.

편의방 본점 내부
모습.

위치한다. 편의방 선어구점은 2005년도에 전문 대로 공사로 인해 문을 닫아 대부분의 사람들이 숭문문에 위치한 편의방을 많이 갔었다. 그러나 2011년에 전문 대로 일대가 리모델링을 한 후 선어구 편의방도 다시 문을 열었는데, 내가 찾아간 곳은 바로 이곳이다.

편의방 역시 전취덕과 마찬가지로 본관 외에도 패스트푸드점과 포장 판매점을 함께 운영하고 있다. 전취덕 포장 판매점은 긴 줄로 서서 기다리는 사람들로 북새통을 이루는 반면, 편의방은 민망할 정도로 한산했다.

편의방에서도 포장판
매점과 패스트푸드점
을 운영하고 있다.

본관 입구에는 편의방이 1416년 명대 영락 14년에 세워져 2012년 현재 596년이나 되었다는 대형 현수막이 걸려 있다. 편의방의 오리 구이 방식은 화덕에 불을 붙여 화덕의 벽을 뜨겁게 달군 다음, 오리를 넣고 문을 닫은 후 화덕 벽의 열과 장작재로 오리를 굽는 방식이다.

편의방 본점은 전취덕 본점보다는 작지만 역시 상당히 큰 규모였다. 본점 안은 상당히 넓고 쾌적한 편이었고, 중국의 일반적인 식당보다는 조금 더 세련된 듯한 느낌이 들었다. 식당 안의 분위기로만 보아서는 전통적인 느낌은 덜했다.

메뉴판을 펴고 화향소 오리구이 세트를 주문했는데, 편의방 역시 진취덕과 같이 오리구이 세트를 시키면 요리사가 나와서 요리를 해줬다. 다른 것은 요리사가 테이블과 좀 떨어져서 오리고기를 발라내고, 다 발라내고 나면 다 종업원이 식탁으로 갖다 줬다. 같은 퍼포먼스인데도 전취덕에 비해 조금은 소극적인 느낌이 들었다.

편의방의 오리고기는 전취덕의 그것과는 확연한 차이가 있었다. 전반적으로 전취덕의 오리고기에 비해 단단하며 탄력이 있어 더 쫀득쫀득했다. 먼저 맛본 가슴 부위는 껍질에 윤기가 좌르르 흐르면서 쫄깃쫄깃했는데, 육질이 부드럽고 느끼함이 없어 담백했다. 다리 부위는 기름기가 적어 다소 텁텁한 느낌이 들었다.

고기만 계속 먹다 보면 조금 느끼한데, 신선한 야채와 함께 밀전병에 싸서 소스에 찍어 먹으면 양껏 먹을 수 있다. 단 소스는 다소 짠 편이니 조금씩 맛을 보며 찍어 먹어야 한다.

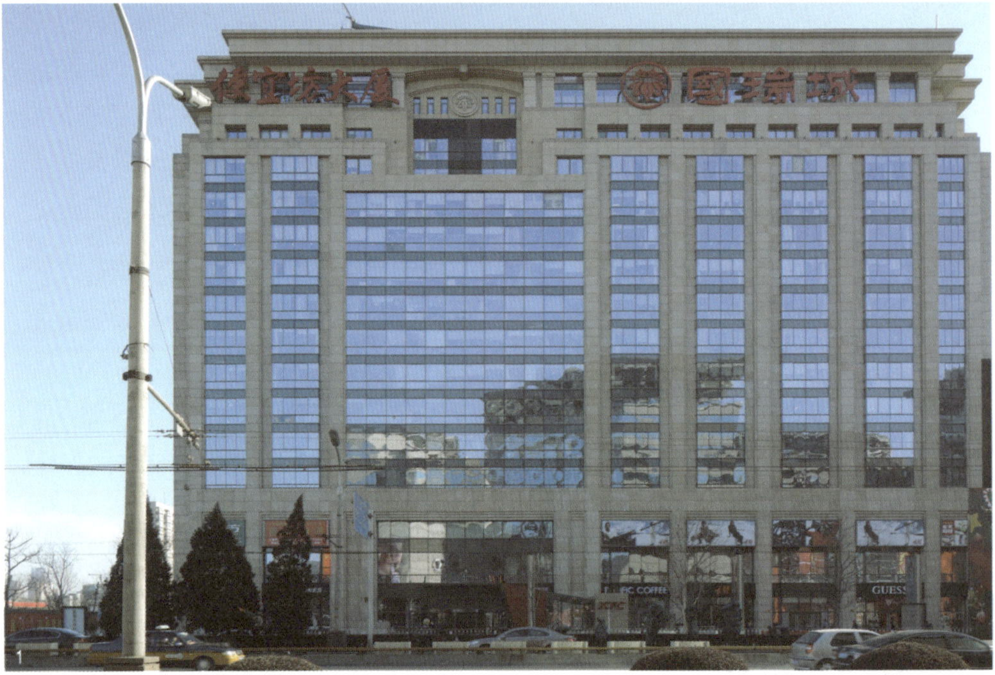

1

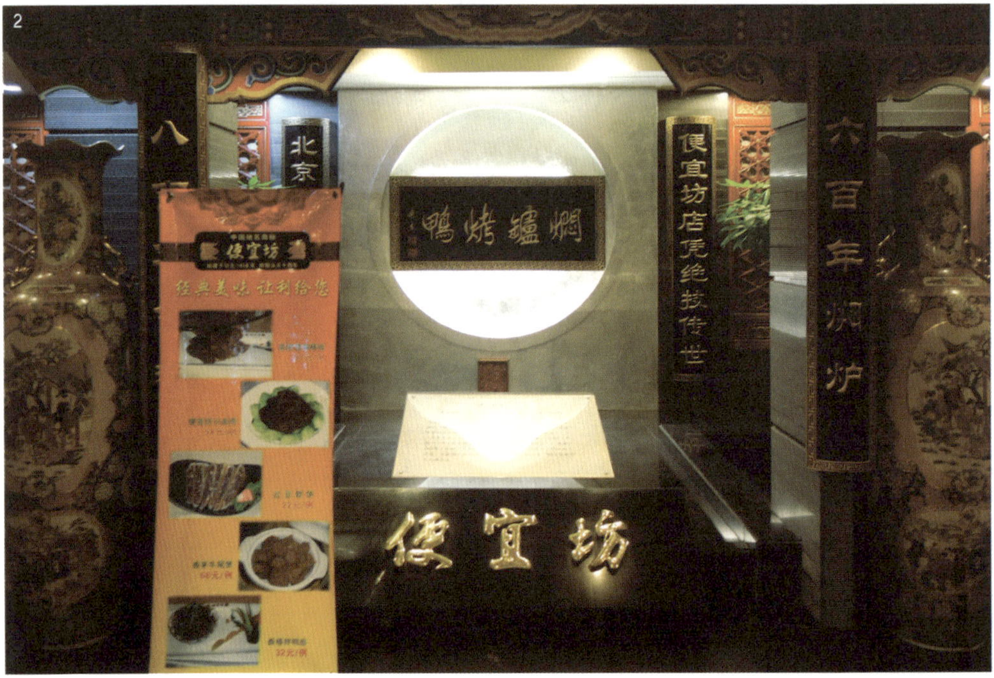

2

▶ 겉보기에는 전취덕과 비슷해 보이지만 맛에 있어서는 확실히 차이가 있다.

1_ 숭문문에 있는 편의방 건물. 이 건물 4층에 식당이 있다.

2_ 숭문문 편의방 입구. 선어구보다 분위기가 다소 화려하다.

편의방은 선어구점 외에도 숭문문점도 유명하다. 숭문문 편의방은 숭문문역 C2 출구로 나오면 바로 앞에 편의방 빌딩이 보이는데, 그 빌딩 4층에 있다. 숭문문 편의방은 선어구 편의방보다도 분위기가 좀 더 화려하고, 대기할 수 있는 곳까지 잘 갖추어져 있는 편이다.

화려한 전취덕에 비해 편의방은 다소 소박하다. 전취덕에서는 당신은 몇 번째 오리 고기를 먹었노라고 굳이 가르쳐주지만 편의방에서는 귀띔조차 없다. 전취덕이 적극적이라면 편의방은 소극적이다. 전취덕이 양+이라면 편의방은 음-이다. 음양은 누가 선이고 누가 악인지의 문제가 아니라 상보적인 개념일 뿐. 만약 편의방이 없었더라면 오늘날의 전취덕 역시 없었을 것이다. 이들은 서로 상호경쟁하면서 묵묵히 각자의 길을 갈 따름이다.

건륭 황제도 반한 소맥 요리점
도일처 都一處

❖ 1738~

청나라 건륭 황제가 찾아와 맛을 보고 친필로 현판까지 써 줬다는 도일처. 사람들의 발길이 끊이지 않아 가게 앞에 흙이 쌓이면서 두렁까지 생기고 이를 토룡이라고 불렀다는 믿기지 않는 이야기를 갖고 있는 도일처 소맥 이야기.

주　　소 東城區前門大街 38號
영업시간 10:30 ~ 14:00
　　　　 17:00 ~ 21:00
전　　화 67021671

都一處

전문 대로를 쭉 따라 올라가다 보면 이 거리에서 가장 인상적인 청동상을 만나게 된다. 이 청동상은 지위가 높아 보이는 사람이 '도일처都一處'라는 현판을 써 주는 장면을 형상화하고 있다.

도일처는 1738년에 산서 출신인 왕서복이 세운 유구한 역사를 지닌 소맥 가게이다. '소맥燒麥'은 우리나라 사람들에게는 다소 생소한데, 사전적 의미로는 '고기와 야채 등을 갈아 넣고 얇은 밀가루피로 빚어 만든, 만두와 비슷한 음식'을 의미한다. 이 소맥은 얼핏 보기에는 만두 같아 보이지만 만두와는 조금은 다른 음식이다. 중국 산서 지방에서는 이 소맥을 초매라고 부르고, 호북 지방에서는 소매라고 부르며, 강남에서는 소매라고 부르기도 한다.

소맥은 만두보다 피가 얇으며 특히 만두와는 달리 꼭지가 마치 꽃이 핀 형상을 띄고 있어, 청대에는 소맥을 '귀봉두鬼蓬頭'라고 불렀다고

위 왼쪽부터 도일처의 대표음식인 삼선 소맥. 야채의 신선한 맛과 향이 그대로 느껴졌던 야채 소맥. 가을에만 먹을 수 있는 게살 소맥. 아래 왼쪽부터 튀김완자와 작삼각, 건룡배추. 작삼각은 소맥과 더불어 도일처 대표 메뉴다.

한다. 즉 귀신의 흐트러진 머리와 같이 화려하다는 뜻이다.

이 소맥의 역사는 원대에까지 거슬러 올라갈 수 있다. 우리나라 고려 시대에 출간된 《박통사 중국어 회화 책으로 당시의 중국어 연구뿐만 아니라 문화와 생활도 생생하게 반영되어 있어 상당히 가치가 있는 책이다》에 이 소맥에 관한 다음과 같은 구절이 나온다. '以(麦)面作皮, 以肉爲餡, 當頂作爲花蕊, 方言謂之梢賣.' 이를 풀이하면 '밀가루로 피를 만들고 고기로 소를 만드는데 꼭대기는 꽃술과 같아, 방언에서는 이를 초매라고 부른다'라는 뜻이다.

당시 북경 술집들 대부분은 산서 출신 사람들이 경영했는데, 왕서복 역시 산서 출신이다. 왕서복은 북경으로 올라와서 처음에는 전문 밖의 술집에서 일하다가 나중에 본인 가게를 열었는데, 특별히 가게 현판을 달지 않았으므로 사람들은 그냥 '왕기주포'라고 불렀다고 한다. '주포'란 지금의 술집이라는 의미인데, 즉 도일처는 원래 술집이었던 셈이다. 간혹 '왕기주포'가 아니라 '이기주포'라고 소개한 책들도 있는데, 이는 잘못된 것이다.

이러한 일개 작은 술집이 어떻게 100년이 넘게 유지되었을 뿐만 아니라, 중국을 대표하는 음식점이 되었는가는 바로 상점 앞에 있는 청동상과 깊은 연관이 있다.

1752년 섣달 그믐날. 당시 건륭 황제는 평상복 차림으로 관원 2명과 함께 통주지역으로 몰래 순시를 나갔다가 저녁 늦게야 전문에 돌아왔다. 그런데 다음날이 정월 초하루라 일반 술집이나 음식점은 모두 일찍 가게 문을 닫은 상태였다. 하지만 왕기주포는 문을 열고 장사를 계속하고 있었다. 장사가 신통치 않았던 왕서복은 섣달 그믐날이지만 남들처럼 일찍 집에 돌아가도 속 편히 쉴 수 없어 가게 문을 열어 두었던 것이다.

어쨌든 배도 고프고 피곤했던 건륭 황제는 딱히 갈 곳도 없어 어쩔 수 없이 이 허름한 술집에 들러 술과 소맥, 배추요리를 시켜 먹었다. 기대를 하지 않았던 탓일까? 건륭 황제는 음식을 맛보고 크게 감동을 받아 식당주인을 불러 가게 이름을 물었다. 마땅한 가게 이름 하나 짓지 않고 있었던 왕서복은 "저희 가게는 특별한 이름이 없습니다."라고 답했다.

식사를 마친 건륭 황제는 자신의 신분을 밝히지 않고 그냥 궁으로

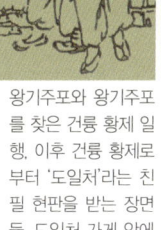

왕기주포와 왕기주포를 찾은 건륭 황제 일행. 이후 건륭 황제로부터 '도일처'라는 친필 현판을 받는 장면들. 도일처 가게 안에 걸려 있다.

돌아갔다. 왠지 기품이 있어 보이고 높은 사람같이 보였지만, 설마 왕이라고는 생각조차 못했던 왕서복은 그 일을 대수롭게 않게 여겼다. 그런데 며칠 후 몇 명의 관원들이 현판을 들고 왕서복을 다시 찾아왔다. 건륭 황제가 친필로 '도일처都一處'라고 쓴 현판이었다. 도일처라는 뜻은 '이 시간에 문을 연 곳은 수도에서 오직 이곳뿐이다京都只有你們這一處'인데, 왕서복은 그제야 며칠 전에 왔었던 그 이상한 손님이 건륭 황제라는 사실을 알았다.

왕서복은 이후 도일처라는 현판을 달고 전문적으로 소맥을 팔기 시작했는데, 이때부터 도일처 소맥은 엄청난 인기몰이를 시작했다. 황제가 먹고 감동해서 현판을 내릴 정도이니 더 이상 무슨 설명이 필요할까. 현판 자체가 최고의 선전이자 최고의 품질 보증서인 셈이다.

이렇게 사람들의 발길이 끊이지 않아 당시 도일처 가게 앞에 흙이 쌓이면서 두렁길이 생겼는데, 이를 '토룡土龍'이라고 불렀다고 한다.

건륭 황제가 도일처
에 왔던 당시의 모습
을 재현한 청동상.

당시에는 흙길이라 많은 사람들이 계속해서 왔다 갔다 하는 바람에 흙이 쌓였다는 것이다. 믿기지는 않지만 실제 《도문기략》이라는 책에 '토룡은 가게 앞에서부터 높이가 한 척33.3cm, 길이가 삼 장약 9m이나 된다'라고 기재되어 있으므로, 이 토룡이라는 것은 중국사람 특유의 허풍은 아닌 것 같다.

어떤 사람은 건륭 황제가 도일처가 아닌 '독일처獨一處, 늦은 시간까지 문을 연 곳은 이곳이 유일하다'라는 현판을 내렸다고 하는데 이는 그야말로 일설일 뿐이다. 도일처에 가서 직원에게 건륭 황제의 친필 현판에 관해서 물어 보니 현재 건륭 황제가 쓴 현판은 훼손을 우려해 따로 보관 중이라고 하였다. 가게 입구에 걸려 있는 것은 건륭 황제가 쓴 현판의 복제품이라고 한다.

도일처의 소맥에 관하여 흔히들 '형상은 석류와 같고, 순수하고 영롱하며, 소는 꽉 차고 피는 얇으며, 향기롭고 맛있다'라고 평한다. 우리나라에서 맛보지 못한 이 소맥을 먹는다는 설렘과 함께 도일처에 가 보니 가게 입구부터 사람들이 바글바글하다. 우리는 문 앞에서 기다리다 2층에 자리가 생겨 올라갔다.

2층에 올라가 보니 오른쪽에는 건륭 황제가 신하 두 명과 함께 소맥을 먹는 모습의 청동상이 있고, 왼쪽에는 건륭 황제를 모신 작은 사당이 있었다. 도일처가 이렇게 유명하게 된 계기가 건륭 황제 덕분이니 그럴만하다는 생각이 들기도 했다. 만약 도일처에 온다면 1층보다는 2층에서 맛보기를 추천한다. 2층에는 이것저것 볼 것들이 많기 때문이다.

　도일처의 메뉴판을 펼쳐 보니 '삼선三鮮 소맥', '돼지고기 소맥', '양고기 소맥', '야채 소맥' 그리고 각각 2개씩 맛볼 수 있는 '모듬 소맥什錦'이 있었다. 일단 도일처 소맥을 대표하는 '삼선 소맥', '야채 소맥', '돼지고기 소맥'을 맛보기로 하였다.

　'삼선'은 해삼·새우·죽순·버섯·닭고기 가운데 3가지의 재료로 만든 음식으로 도일처의 삼선 소맥에는 새우, 돼지고기, 해삼, 올방개가 들어간다고 한다. 소가 담겨진 소맥의 둥근 부분은 만두와 다를 바가 없었지만 윗부분은 밀가루 반죽을 익힌 것이 아니라 발효시켜 만든 것이어서 다소 건조하다. 양념이 배어 있지 않아 어떻게 보면 다소 심심하게 느껴질 수도 있지만, 고추기름으로 만든 양념간장 소스에 살짝 찍어 먹으면 한국인의 입맛에도 상당히 잘 맞고, 담백했다.

　야채 소맥은 청경채, 순무의 어린 싹, 당면으로 속이 가득 차 있는데, 야채 씹히는 맛이 일품이다. 소맥의 피 또한 일반적인 만두피와 달리 상당히 얇아 밀가루의 텁텁함이 전혀 없어 안에 든 소의 맛이 입안에 그대로 전해졌다. 소맥 피는 만두와 달리 피를 일정 기간 발효시켜 독특한 맛을 낸다고 한다. 소맥은 시각적으로도 상당히 화려한데, 특히 야채소맥은 마치 잔디밭에 막 핀 꽃들처럼 화려하기 그지없다.

　가을9월~11월에 도일처를 방문하면 게살蟹肉 소맥을 맛볼 수 있다. 혹시 시기를 놓쳤더라도 점원에게 먹을 수 있는지를 확인할 필요가 있는데, 운이 좋으면 12월에도 먹을 수 있기 때문이다. 게살 소맥 가격은

도일처에서 식사하는 사람들. 외국인들도 종종 눈에 띈다.

북경상점

88元¹만5000원으로 일반 소맥보다 비싸지만, 그만한 가치가 있다. 한입 물었을 때 기름이 흘러 조금 느끼하지 않을까 걱정했는데, 잘게 부순 게살과 다진 야채들이 조화를 이뤄 소맥 분야의 최강의 맛이라고 자랑이라도 하는 듯 그야말로 일품이었다.

도일처 소맥은 수상경력 또한 상당히 화려하다. 1989년 상무부 요식업 부분 최우수상을 수상하고, 2000년에는 '중국의 유명한 먹거리'로 인정받았다. 2008년에는 도일처의 소맥 제작기법이 국가 비물질 문화유산으로 등재되었으며, 2011년 12월 북경시 상무위원회는 삼선 소맥을 특색 요리로 선정하였다.

도일처 소맥들이 이렇게 유명한데, 중간에 사라진 비운의 메뉴가 있으니 그것은 바로 '오환五環 소맥'이다. 오환 소맥이 메뉴판에서 사라진 것은 2008년. 모두 알다시피 2008년은 북경에서 올림픽이 개최된 때이다. 당시 도일처는 다섯 가지 색깔을 가진 오환 소맥이 오륜기를 연상시킨다는 이유로 오환 소맥을 없애 버렸다. 도일처의 대단한 애국심을 엿볼 수 있는 대목이다.

비록 소맥이 도일처를 대표하지만, 소맥만 맛보기가 조금 아쉬워 '튀김완자干炸丸子'요리와 '작삼각炸三角', 그리고 건륭 황제도 맛보고 칭찬했다는 '건륭배추乾隆白菜', '마련육馬蓮肉'도 주문했다. 둥글둥글한 튀김 완자는 우리나라 돼지고기 완자와 비슷했다. 튀겼음에도 불구하고 느끼함이 전혀 없었다. 완자 안은 부드러운 돼지고기 육질이 그대로 전해지지만, 겉은 과자처럼 바삭바삭해서 씹는 맛도 좋으며, 아이들 영양 간

도일처 2층에 있는 건륭 황제 사당.

도일처 입구. 식사 시
간이 아닌데도 줄이
길다.

식으로도 안성맞춤이라는 생각이 들었다.

  작삼각은 겉보기에는 세모난 군만두 같은데 겉은 딱딱하지만 안은 육즙이 있어 부드러운 맛을 냈다. 작삼각은 도일처의 것이 가장 유명하다는데, 사실 도일처 외에 이것을 파는 곳은 거의 없다고 한다. 즉 소맥과 더불어 도일처의 또 다른 대표 메뉴라고 할 수 있다. 《낙타상자》로 유명한 중국의 대표적인 현대 작가인 노사의 소설을 보다 보면 이 작삼각이 자주 등장한다.

  또 다른 메뉴인 건륭배추는 보기에는 우리의 백김치를 볶아 놓은 듯하나, 막상 맛을 보면 첫맛은 시큼하고 끝맛은 달아 신맛과 단맛이 동시에 나는 묘한 느낌을 주는데, 매운 맛에 익숙한 내 입맛에는 약간 심심한 느낌이 들었다. 식사용이라기보다는 오히려 술안주에 더 잘 어울리지 않을까 싶었다.

  마련육은 타원형의 돼지고기 요리로 고기 끝 부분은 비계 부분으로 간장으로 조린 듯 검정색을 띠며, 고기 부분은 살코기로 흰색을 띤다. 어떤 조리법으로 만들었기에 비계 부분만 간장빛깔로 물들일 수 있을까 하는 궁금증이 들었다.

  비계 부분은 간장에 절인 젤리 같은 느낌으로 조금 짰지만, 굉장히 부드러웠다. 고기 부분도 의외로 퍽퍽하지 않고, 돼지고기 특유의 누린내가 전혀 없어 먹기에 좋았다. 한마디로 우리나라의 편육과 비슷한했다. 많이 먹어도 느끼함이 전혀 없어 한 접시를 순식간에 뚝딱 먹어 치웠다.

차 한 잔의 여유를 느낄수 있는
오유태찻집 吳裕泰茶館

✤ 1887~

차를 많이 마시는 중국인들의 입맛을 120년 동안 사로잡고 있는 차 전문점 오유태는 일반 차는 물론 화차花茶로도 유명하다. 품질뿐만 아니라 이곳에서만 맛볼 수 있는 귀한 명차를 판매하고 있어 외국인들도 일부러 찾아가는 곳이다.

주　　소 東城區前門大街 4號
영업시간 08:30 ~ 21:00
전　　화 67023869

　　전문 대로 입구에 들어서면 사람들의 눈길을 사로잡는 두 곳이 있다. 한 곳은 바로 우리나라에서도 유명한 커피숍 스타벅스이고, 다른 한 곳은 바로 스타벅스 맞은편에 있는 '오유태찻집吳裕泰茶館'이다.

　　오유태찻집은 '장일원張一元'과 함께 중국에서 가장 유명한 차 가게이다. 대부분의 노자호 가게 입구에는 그 가게를 상징할 만한 청동상이나 석고상들이 있어 사람들의 이목을 끄는데, 오유태찻집 입구에도 역시 찻집 주인이 차를 사는 손님과 담소를 나누면서 차를 파는 장면을 표현한 청동상이 있다. 오가는 사람들이 어린아이가 귀엽다고 머리를 너무 쓰다듬어 이 아이의 머리만 반짝반짝 빛나는 민머리가 되었다.

　　오유태찻집은 오석청이라는 사람이 1887년에 열었는데, 원래 가게 이름은 오유태찻집이 아닌 '유태 차잔裕泰茶棧'이었다고 한다. '차잔'이란

오유태찻집 정문의 청동상. 어린아이 머리를 너무 쓰다듬어 반짝반짝 빛난다.

본래 '차를 보관하는 창고'를 의미한다.

오유태찻집 1층에서는 다양한 종류의 차와 다기들을 판매한다. 이 찻집은 특히 화차花茶로 유명한데, 그 중에서도 재스민차가 가장 유명하다. 화차는 송대에 처음 재배되기 시작하여 명대를 거쳐 청대에 성행했는데, 재스민차는 중국에서 쉽게 접할 수 있는 그야말로 가장 대중화된 차라고 할 수 있다.

오유태찻집에서는 화차 이외에도 오룡차烏龍茶와 철관음鐵觀音, 서호용정西湖龍井, 동정산벽라춘洞庭山碧螺春, 보이차普洱茶 등 다양한 종류의 차도 구입할 수 있으니 굳이 화차만을 고집할 필요는 없다. 특히 잘 팔리는 차에는 'Hot sale热卖'이라는 표시도 되어 있고, 또 점장이 직접 추천해 주는 차도 있으니 충분히 살펴본 다음에 선택해도 늦지 않다.

찻집 한편에는 차를 마실 때 사용하는 여러 종류의 다구들이 구비되어 있는데, 비교적 저렴한 100元짜리부터 7800元짜리 차 주전자, 나아가 6만元 약 1000만 원짜리 다구 세트도 있다. 다구는 차의 종류에 따라 달리 써야 하는데 오룡차와 홍차, 보이차는 자줏빛 진흙으로 만든 자사호에 마셔야 가장 맛있으며, 화차는 배가 볼록한 도자기 다호에 마셔야 차의 향이 날아가지 않고, 녹차는 유리잔에 마셔야 청아한 향과 색 모양을 감상할 수 있다고 한다.

1층에 이렇게 다양한 차들이 전시되어 있지만 안타깝게도 시음 코너는 따로 준비되어 있지 않다. 차를 마시려면 2층 찻집으로 올라가야 한다. 2층으로 올라가는 계단에는 19세기 말에나 볼 수 있는 고풍스러

오유태찻집 1층에서 판매되고 있는 다양한 종류의 차.

오유태찻집에서 판매하는 각종 다구들. 저렴한 것은 100元짜리부터 고가인 것은 무려 60만元까지 있다.

운 등과 과거 오유태찻집의 모습을 담은 그림 등이 전시되어 있다. 2층 창가에는 '천가제일좌天街第一座'라는 문구와 그림이 그려져 있는데, 아마도 이 자리에서 차를 마시면 전문 대로를 오가는 사람들을 볼 수도 있어 최고의 명당자리 중 하나라고 하는 듯했다.

찻집에 올라가 메뉴판을 보니 가격은 헉 소리가 절로 나올 만큼 비쌌다. 재스민차가 한 잔에 55元부터 200元 주전자로는 180元부터 620元, 서호용정은 한 잔에 60元부터 350元 주전자로는 200元부터 1500元, 황산모봉은 한 잔에 45元부터 60元 주전자로는 150元부터 200元, 보이차는 잔으로는 아예 판매하지 않고 주전자로만 120元부터 400元까지였다. 값이 상당히 비싸 망설이다 오유태찻집에 와서 쟈스민차를 맛보지 않을 수 없으므로 55元 약 9850원짜리 재스민차를 주문했다.

재스민차는 첫맛부터 부드러웠는데, 씁쓸한 맛도 약간은 느껴졌다. 사실 어떤 차라도 찻잎을 물에 오래 우려내면 쓴맛이 강하게 느껴진다. 일반적으로 차는 처음 우려낸 맛은 물맛으로 먹고, 두 번째 우려낸 맛은 차를 감상하며 먹고, 세 번째 우려낸 차는 가장 맛이 좋아 차의 진짜 맛을 음미할 수 있다고 한다.

현재 중국 내 오유태찻집을 관리하는 사장은 손단위로, 그녀는 현실에 안주하지 않고 끊임없이 연구하는 열혈 여성 경영인으로도 유명하다. 특히 절강대학浙江大學과 공동으로 재스민차를 개발해 큰 인기를 얻기도 하였다.

오유태찻집의 경영방침은 '삼자三自'로 요약할 수 있다. '삼자'는 차를

단계표향차의 화려한
퍼포먼스.

스스로 채집하고, 스스로 음제재스민 등의 꽃을 찻잎과 함께 밀폐시켜 찻잎에 꽃향기가 자연스럽게 배게 하는 것을 말함하고, 스스로 합치는 것을 말한다. 즉 찻잎을 안휘, 복건, 운남, 광서 등 여러 지역에서 자체적으로 채집한 후 음제 과정을 거친다. 이 음제는 꽃의 양, 온도, 수분 등 오유태찻집만의 100년간의 노하우가 집약되어 있는 중요한 과정이다.

이렇게 음제된 차는 다시 열을 발산하였다가 온도를 낮추는 '통화通花' 과정을 거쳐 꽃의 생기를 회복시킨 다음, '꽃잎을 세우는 과정起花'을 거쳐 햇볕에 말림으로써 수분을 제거한다. 오유태찻집은 재스민차를 가공할 때 이런 과정을 6차례 반복한다고 한다. 이러한 오유태찻집의 재스민차 가공 기술은 이미 국가급 비물질 문화유산에 등록되어 있다고 하니, 찻값이 그냥 비싼 것은 아닌 것이다.

이렇게 만만찮은 가격 때문인지 건너편 스타벅스보다는 의외로 손

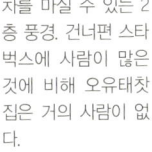

차를 마실 수 있는 2층 풍경. 건너편 스타벅스에 사람이 많은 것에 비해 오유태찻집은 거의 사람이 없다.

오유태찻집 차 박물관에는 오래된 찻잔 등이 전시돼 있다.

님이 적었다. 아니 거의 없었다. 스타벅스에서는 오유태찻집에서 느낄 수 있는 옛 북경의 모습에 도취되어 차 한 잔의 여유를 만끽할 수 없는 법. 전문 대로를 거닐다 지칠 때에는 찻집에 잠시 올라가 55元짜리 재스민차를 마시면서 전문 대로를 오가는 사람들을 구경하는 것도 꽤 괜찮은 선택이 될 것이다.

오유태찻집의 화차가 유명한 이유는 단순히 차의 맛 때문만은 아니다. 차 맛은 기본이고 화려한 퍼포먼스까지 감상할 수 있기 때문이다.

녹차은침, 백합꽃, 목서나무꽃으로 이루어진 '단계표향丹桂飄香'은 물속에 꽃이 피면서 꽃잎이 물위로 날아가는 모습이 마치 눈발이 회오리바람에 휩쓸려 하늘로 빨려 들어가는 듯하다 갑자기 사방으로 퍼져버리는데, 혼자 보기에는 아까울 정도로 장엄하다. 단계표향 외에도 '선도헌서仙桃獻瑞', '말리선녀茉莉仙女', '화개부귀花開富貴', '금잔은태金盞銀台' 등의 화차들은 모두 각기 다른 양상으로 피어나면서 다른 맛들을 전해준다.

오유태찻집 차를 맛볼 수 있는 또 다른 즐거움은 바로 오유태찻집의 차 아이스크림이다. 우리나라 아이스크림 가게에서도 녹차 아이스크림을 맛볼 수 있지만, 오유태의 이 녹차 아이스크림은 녹차 특유의 맛을 그대로 음미할 수 있어 그 맛이 일품이다.

한편 왕부정에 있는 오유태찻집 2층에는 오유태찻집의 역사뿐만 아니라 중국차의 역사를 간단히 살펴볼 수 있는 차 박물관도 있어 차에 관심이 있는 사람들에겐 매우 유용하다.

오유태와 쌍벽을 이루는 찻집
장일원 張一元

❖ 1900~

오유태찻집과 함께 북경의 대표적인 찻집 장일원은 맛있는 차 하나로 북경 사람들에게 인정받은 곳이다. 개별 포장 제품보다 커다란 원형 철통에서 원하는 만큼 덜어 살 수 있는 장일원의 맛있는 차 이야기.

주　　소 東城區 大栅欄街 22號
영업시간 08:00 ~ 20:00
전　　화 63032056

　　오유태찻집과 쌍벽을 이루는 찻집으로는 '장일원張一元'을 꼽을 수 있다. 장일원은 전문 대로에도 있고 대책란 거리에도 있는데, 대책란 장일원이 본점이라 그 규모가 훨씬 더 크다.

　장일원은 오유태보다 약간 늦은 1900년에 장문경이라는 사람이 열었다. 가게의 원래 명칭은 '장옥원 차 가게張玉元茶莊'였는데, '장'자는 장문경의 이름에서 따왔고, '옥'은 차 중에서 정품이라는 뜻이며, '원'은 첫 번째라는 뜻이다.

　장일원은 개업 초기인 1900년 8월 14일, 러시아·미국·영국 등 8개국의 연합군이 의화단의 난을 진압하기 위하여 북경에 쳐들어오는 바람에 전쟁을 겪어야 했다. 비록 장문경은 직접적인 피해를 입지는 않았지만 군이 한번 휩쓸고 간 만큼 장사가 잘될 리가 없었다. 장문경은 새로운 활로를 찾아야겠다고 생각해 1908년 전문 쪽에 또 다른 가게를 냈다. 장문경은 이 두 번째 차 가게 이름을 '장일원 차 가게張玉元茶莊'

장일원에는 차를 사는 사람들이 늘 많다.

라고 지었다. '장'은 여전히 '장문경'의 이름에서 따온 것이고, '일원'은 '새로운 해가 시작되며, 모든 것이 새로워진다－元复始 万象更新'라는 뜻이다. 장문경은 먼저 열었던 장옥원의 이름도 나중에 장일원으로 통일했다.

대책란 거리의 장일원 차 가게는 1912년에 열었는데, 이 지점은 2012년 딱 100년이 됐다. 이 장일원은 오유태찻집과는 달리 개별 포장된 상품은 별로 많지 않고, 대부분 커다란 원형 철통에서 원하는 양만큼 바로 덜어서 판매한다. 가게 구조에 있어서도 오유태찻집이 포장된 제품들 전시 위주라면, 장일원은 비록 포장제품이 없지는 않지만, 이보다는 고객들의 기호에 맞추어 판매하는 형태를 취하고 있다. 일반적으로 500g을 기준으로 하는데, 100元짜리부터 3000元까지 다양하게 구비되어 있다.

  오유태찻집은 대부분의 상품이 포장이라 차를 확인할 수 없는 반면, 장일원에서는 현장에서 직접 차를 확인하고 구입할 수 있다는 장점이 있다. 이런 면에서는 장일원이 오유태찻집보다 실용적이다. 편리함을 추구한다면 오유태찻집이 편할 것이고, 중국어로 기본적인 의사소통이 가능하고 차에 대하여 식견을 지니고 있다면 장일원이 편할 것이다.

  구경만 하기에는 조금 아쉬워 한번 직접 구입해 보기로 했다. 혹여 비싸지는 않을까 걱정했는데 같은 종류라도 다양한 가격대의 차들이 준비되어 있었다. 양 또한 기본 1근500g의 가격을 적어 놓았지만 고객이 원하는 만큼 덜어 판매하고 있어서 가격 부담이 덜했다. 일반적으로는 종이 포장을 해주지만, 밀봉 포장을 원한다고 하면 흔쾌히 해준다. 물론 장일원에서도 다양한 가격의 포장된 차를 판매하기도 하는데 그 수량이 많지 않다. 개인적으로는 형식상 전시해 놓은 느낌까지 들었다.

  장일원에도 차를 마시는 공간이 있기는 하지만 사람들이 많지 않았다. 아마도 이곳은 차 판매를 위주로 하는 곳이기 때문인 것 같다. 그래도 출입문 입구에 놓여 있는 아담한 테이블에 앉아 차를 마시며 담소를 나누는 노부부의 모습에서 차가 중국인들에게 있어서 생활의 일부임을 느낄 수 있었다.

차는 아마도 세계에서 가장 많이 소비되는 음료 중의 하나일 것이다. 우리나라에서도 최근 차의 효능이 재조명되면서 건강을 위해 차를 마시는 사람이 늘고 있다. 특히 차 속에 포함되어 있는 카테킨catechin이라는 요소는 우리 몸속의 활성산소를 없애는 황산화 작용을 하여 많은 노화 방지 및 다이어트에 탁월한 효과를 하는 것으로 알려져 있다. 또한 테아닌Theanin이라는 요소 역시 우리의 마음을 진정시키며 스트레스 해소에 효과가 있다고 한다.

재스민 차를 주문하자 차통에서 차를 덜어내 포장해 주었다.

장일원에서 판매하고 있는 다양한 차들. 커다란 원형 철통에 들어 있다.

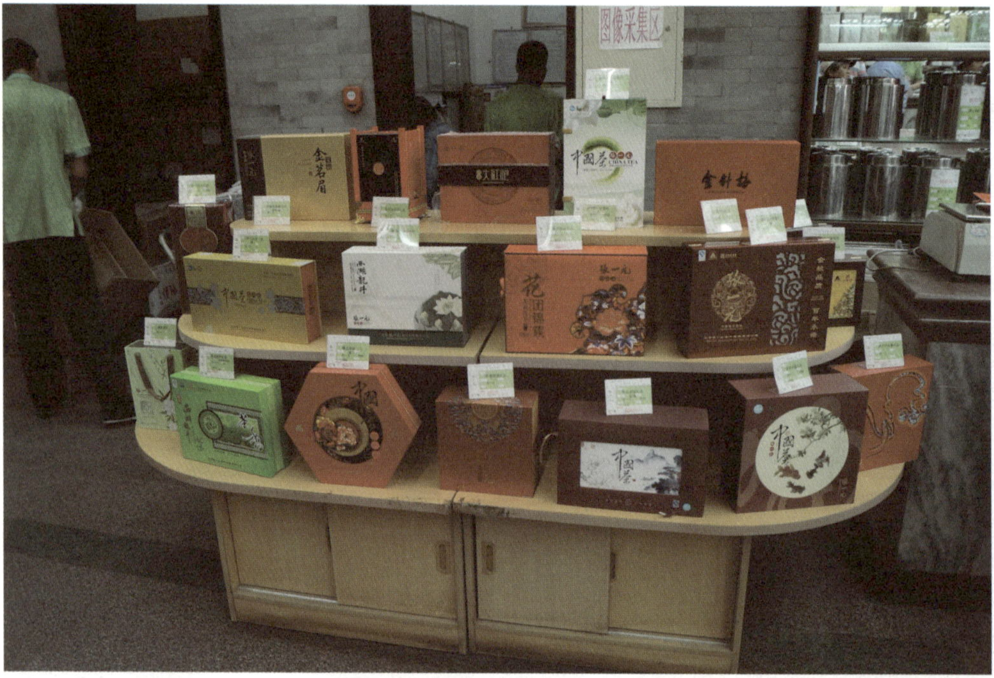
图像采集区
金茗眉
中國茶
CHINA TEA

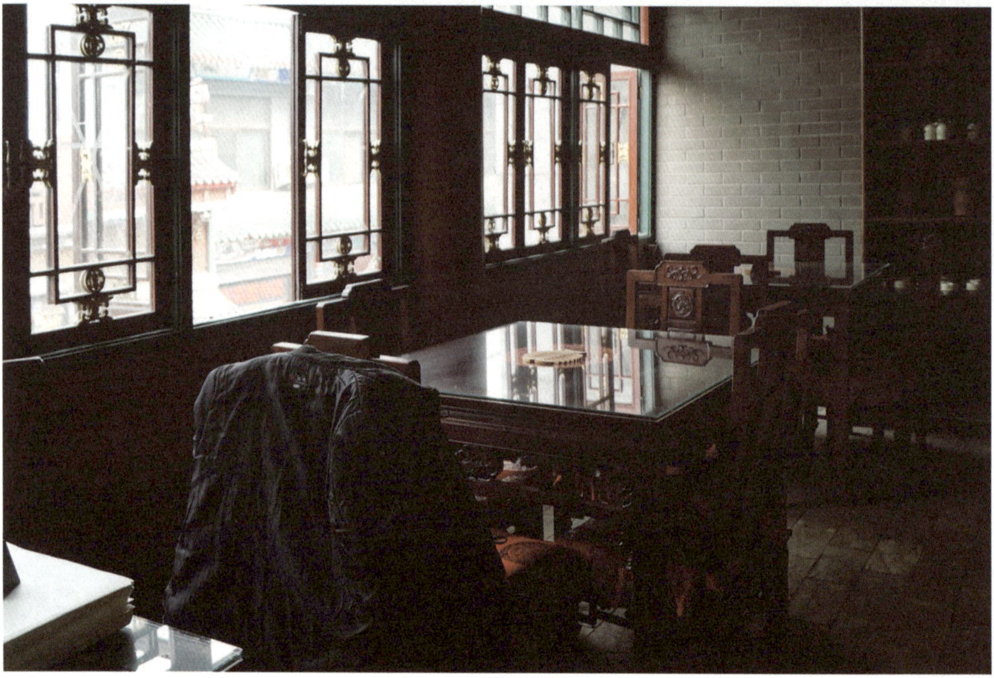

▶장일원 한쪽 벽에 걸린 그림. 100년 전 장일원 풍경을 엿볼 수 있다.

◀다소 한산한 장일원 찻집. 100년의 역사를 자랑하는 찻집이지만 차를 마시러 오는 사람은 별로 없다.

그러나 중국인들에게 있어서 차는 단순한 건강 음료 그 이상이다. 티베트와 중국이 차와 말을 교환하기 위하여 차마고도가 생겼으며, 점점 찻값이 올라감에 따라 한때 대륙의 심장까지 위협했던 티베트의 국력도 점차 약해지게 되었다. 그런데 중국 역시 차로 인해 영국과 아편전쟁이 벌어져 결국 청나라도 망하게 되었으니, 그야말로 차가 중국의 역사를 바꿨다고 해도 과언이 아닐 것이다.

"차 한 잔이나 들고 가게."

오유태찻집과 장일원 찻집을 다녀오니 조주 선사의 말이 문득 떠올랐다.

Plus

15세기부터 북경상점의 중심지

전문대로前門大街와 대책란大柵欄 거리

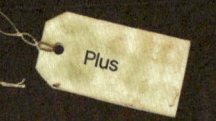

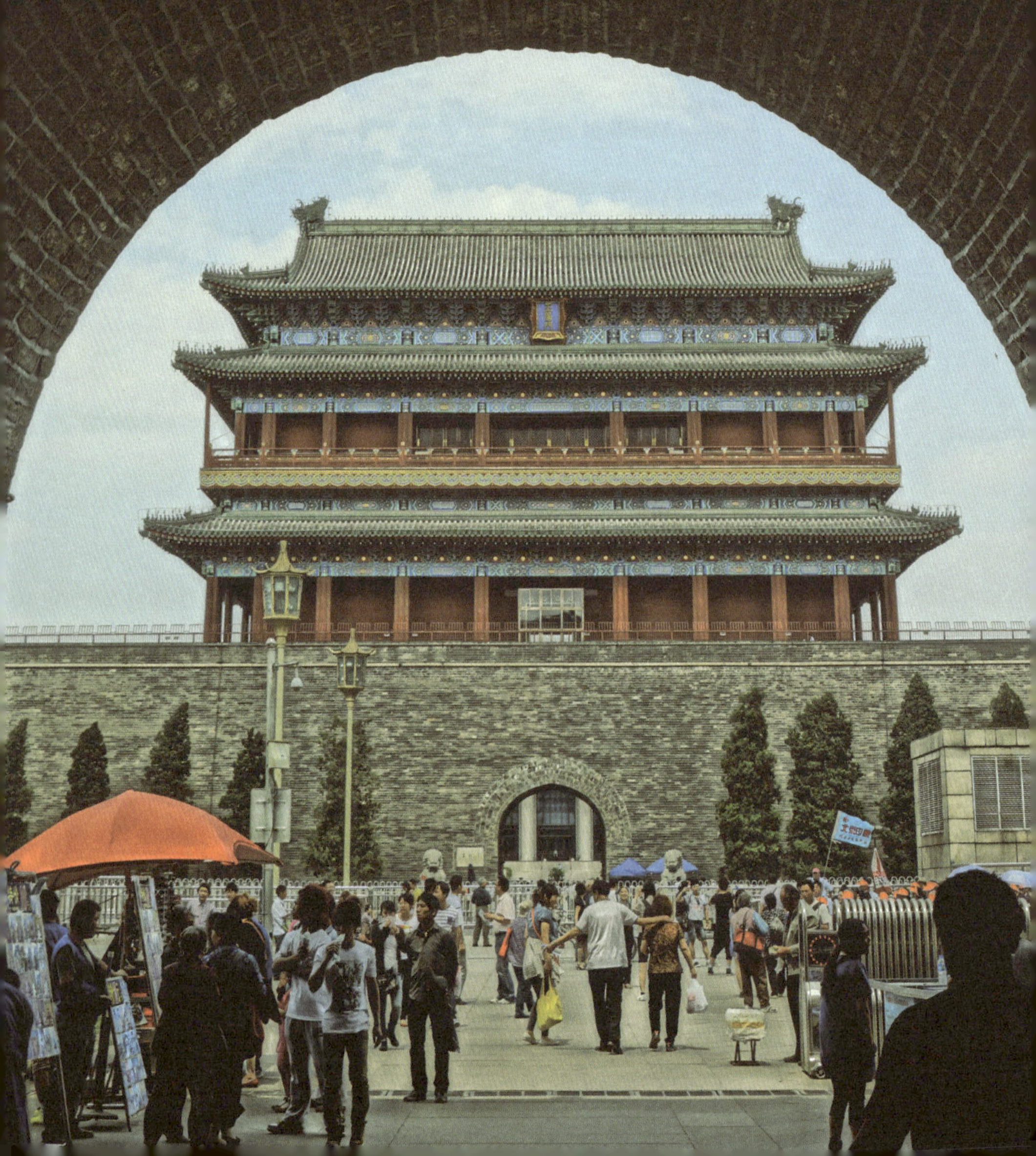

　북경의 전문 대로와 대책란 거리에는 많은 노자호들이 모여 있다. 이는 그만큼 이 지역이 오래전부터 상업적으로 중요한 곳이었음을 의미한다.

　먼저 전문지역은 명·청 시기부터 중요한 곳으로 지금의 정양문正陽門을 중심으로 한 지역을 일컫는다. 왜냐하면 정양문의 또 다른 이름이 바로 전문이기 때문이다. 이는 북경 사람들이 과거에 숭문문崇文門을 합덕문哈德門으로 부른 것과 같은 이치이다.

　지금도 지하철역에서 내리면 과거에는 성벽으로 이어져 있었다는 정양문과 전루를 지나 전문 대로로 갈 수 있는데, 전문 대로 입구에는 정양교正陽橋가 세워져 있다. 15세기에 들어서면서 북경의 상권 중심

TIENTSIN
6 JAN
1

CHUNG HAI
YING T'AI
EMPEROR KUANG
HSU'S PRISON
NAN HAI
HSI TAN
P'AI LOU
CH'ANG AN CHIEH
CHINESE
BANK
KUOMINTANG
MONGOL
TEMPLE
LEGATION QUARTER
HO PING MEN
CH'IEN MEN
WATER GATE
2

3

前门二号
京A·D9800

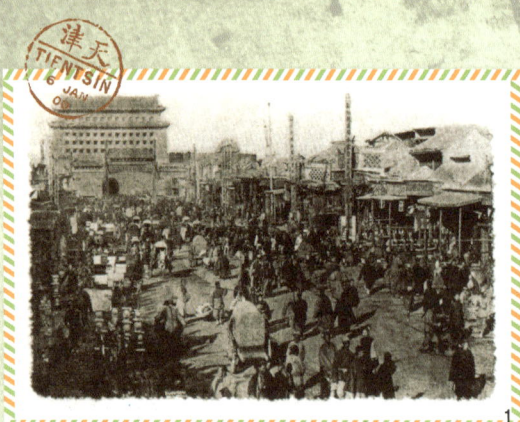

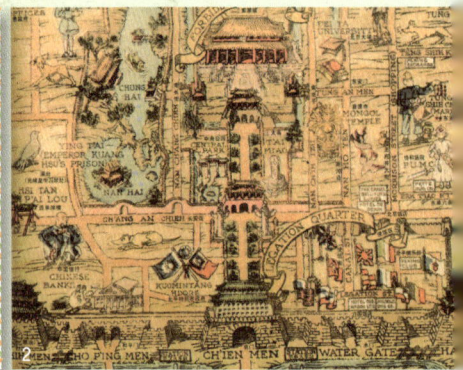

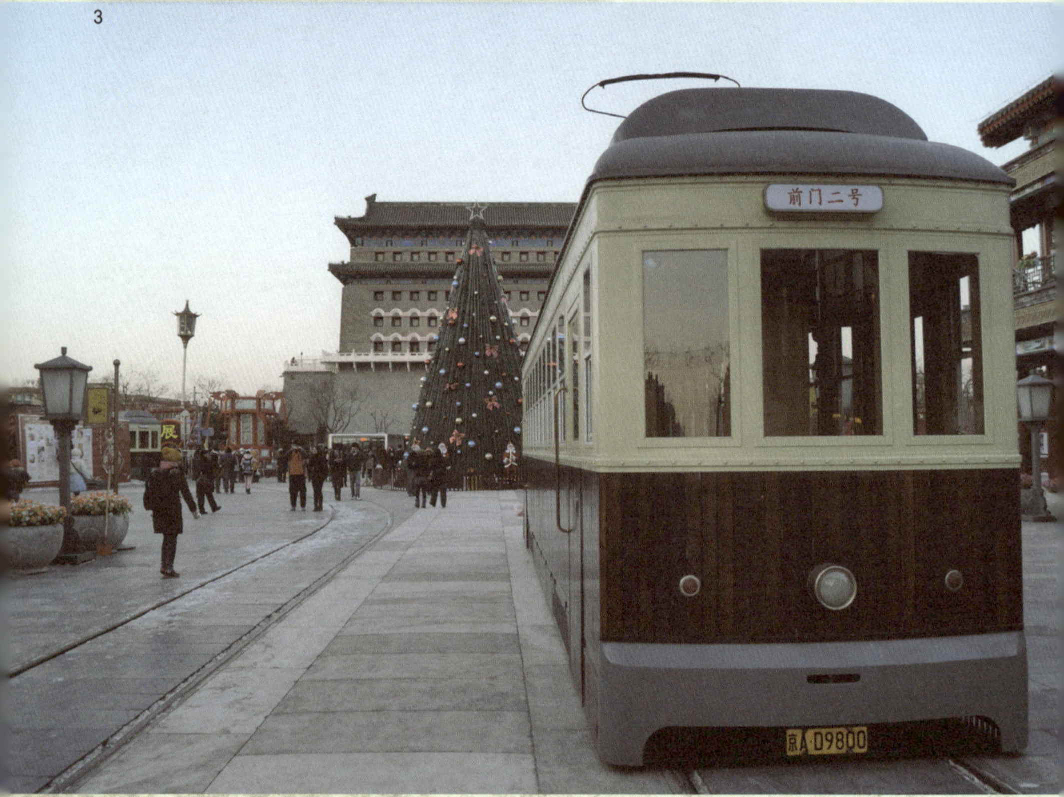

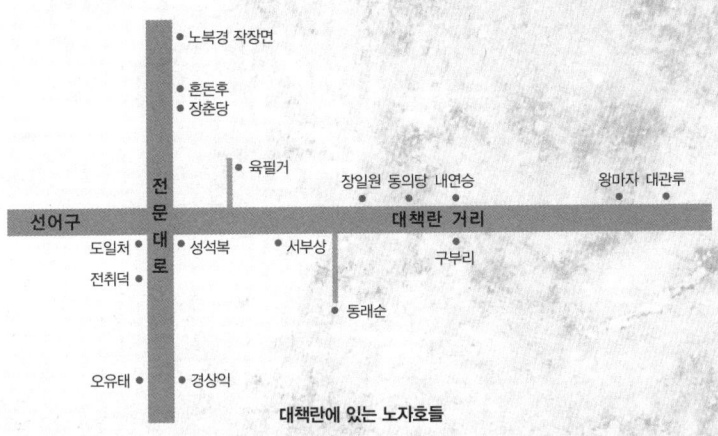

대책란에 있는 노자호들

1_ 청말의 전문 대로 풍경.

2_ 미군이었던 프랭크 돈이 그린 1936년 북경 풍속지도에서의 전문 지역.

3_ 오늘날의 전문 대로. 1940년대와 같이 전차가 다닌다.

지가 십찰해什刹海로부터 서서히 전문 쪽으로 옮겨지기 시작하였으며, 특히 청대에 들어서는 전문과 대책란 지역이 북경에서 가장 번화한 지역으로 성장하게 되었다. 비록 유흥업소도 많았지만 말이다.

이후 청조의 멸망과 전쟁의 여파로 잠시 침체기에 빠졌지만, 2006년 북경시에서 전문 지역에 대대적인 보수공사를 시행하여 2009년 재정비를 마침으로써 과거의 영광을 재현하게 되었다.

전문 대로는 1500여 미터의 보행자 중심의 거리로 탈바꿈하고 1940년대처럼 전차가 왕복 운행하고 있어 또 하나의 볼거리를 더해준다. 비록 재개발로 인해 예전의 모습은 거의 자취를 감춰 아쉬움을 금할 길이 없지만, 그럼에도 불구하고 전문 대로와 대책란 거리는 노북경의 흔적을 그나마 엿볼 수 있는 몇 안 되는 지역이라는 점에서 매력적인 곳임에는 틀림이 없다.

　전문 대로를 따라가다가 전취덕 맞은편, 성석복을 끼고 들어가는 길이 바로 대책란 거리이다. 입구에는 '대책란大柵欄'이라는 큰 현판이 걸려 있어 찾기에 큰 어려움은 없다. 이곳 역시 전문 대로와 마찬가지로 청대의 대표적인 상권 지역, 아니 오히려 전문 대로보다 더 번화한 거리였다고 할 수 있다. 이 거리에는 동인당, 서부상, 구부리, 내연, 장일원, 대관루 등과 같은 수많은 노자호가 즐비한데 그야말로 북경 상권의 중심지라고 해도 과언이 아니다.

　'책란'이란 원래 '난간, 울타리'를 의미하며, 명·청대에는 80년대의 우리나라에서처럼 통행금지가 시행되었었다고 한다. 그래서 밤에는 거리와 골목 입구마다 커다란 울타리를 쳤다고 하는데, 이 지역의 난간은 다른 지역보다 훨씬 더 컸기 때문에 '큰 난간'이라는 뜻의 '대책란'이 그대로 거리 이름이 되어 버린 것이다. 《명북경성도명대 북경성의 지도》에는 이 지역이 '낭방사조'로 기재되어 있었지만, 《청건륭경성전도청대 건륭 황제 때의 북경성의 지도》에는 '대책란'으로 기재되어 있다.

　20세기 초 전쟁의 여파로 과거의 영광은 사라져 버렸지만, 이후 여러 번의 보수 공사를 거쳐 현재의 모습이 되었다. 그래도 전문 대로에 비해서는 예전 모습이 많이 남아 있는 편이다. 이 대책란 거리를 따라 쭉 올라가다 보면 바로 유리창 문화거리를 만나게 된다. 이렇게 전문 대로에서부터 대책란 거리를 거쳐 유리창 문화거리까지 걷다 보면 과거 북경의 모습을 조금이나마 상상해 볼 수 있다.

왕족이 신던 전통 신발가게
내연승 内联昇

❖ 1853~

중국 왕족과 대신들을 단골로 두었던 신발가게 내연승. 내연승에서는 아직도 일일이 손으로 신발을 만드는데 신발 한 켤레를 만들 때 무려 2100번의 바느질을 한다고 한다. 한 땀 한 땀 손으로 만드는 내연승 신발 이야기.

주　　소　西城區 大柵欄街 34號
영업시간　09:00 ~ 21:00
전　　화　63041068

북경 속담에 '할아버지든 아니든 먼저 신발을 본다'라는 말이 있는데 그만큼 북경인들은 신발을 중시했다. 이런 북경인들의 마음을 160여 년 동안 사로잡은 신발 가게가 있으니 바로 '내연승內聯昇'이다. 내연승의 '내'는 황궁·궁정을 가리키며, '연승'은 '고객이 이 가게의 신발을 신었을 때, 관운이 형통하며 3급까지 승진한다'라는 의미를 갖고 있다.

내연승을 처음 세운 사람은 조정이라는 사람이다. 그는 천진 출신으로 북경에 올라와 신발가게 점원으로 일하면서 자신의 노하우를 축적해 이후 정丁 대관의 도움을 받아 1853년에 내연승을 열었다. 당시 북경에는 관리들이 신는 신발인 조혜朝鞋를 전문적으로 취급하는 가게가 매우 드물었으며, 품질도 그다지 좋지 않았다고 한다. 내연승은 정 대관의 도움을 받은 만큼 관리들을 주 고객으로 삼아 조혜를 만들었다.

내연승에서 판매하는 다양한 신발들. 영화배우 성룡은 내연승 마니아다.

내연승에서 만든 조혜는 가격이 비쌌음에도 불구하고 편하고 튼튼해서 잘 팔렸는데, 특히 이홍장청말의 정치가, 공친왕 등 많은 왕족과 대신들이 내연승의 단골이 되었다. 이후에도 많은 유명 인사나 지도자들 역시 내연승의 신발을 애용했는데, 특히 곽말약근대 중국의 최고 지식인. 작가은 손수 내연승의 현판을 쓸 정도로 내연승 마니아였다. 곽말약만큼이나 내연승을 좋아했던 사람 중 우리가 다 아는 유명인은 영화배우 성룡. 내연승에는 그의 친필 사인도 걸려 있다.

중국 당나라 시대에는 신발을 '혜鞋'가 아닌 '족의足衣'라고 불렀다. 족의는 발의 옷이라는 뜻인데, 신발을 옷 만큼이나 중요하게 여겼기 때문이다. 옷의 출현보다 신발의 출현이 더 빨랐다는 설도 있는데, 이미 수·당 시기에 발의 크기를 표시하기 시작했다고 한다.

신발을 만드는 것은 우리가 생각하는 것처럼 그렇게 간단한 일이 아닌데, 더군다나 황족과 조정 관리를 대상으로 신발을 만들 때에는 더욱 그러했을 것이다. 내연승의 신발 제작과정을 간단히 살펴보면 다음과 같다.

먼저 하얀 순면으로 속을 대어 두터운 조각을 만드는데, 이것을 각배라고 한다. 다음으로 신울밑창을 뺀 양쪽 가를 두른 부분을 만든 다음, 바닥을 만든다. 튼튼한 신발 바닥을 만드는 기술을 천층지라고 하는데, 이 기술은 무려 3000여 년 전인 주나라까지 거슬러 올라간다.

천층지는 바닥을 자르고, 싸고 꿰맨 후 바닥 가장자리를 봉한 후 신발이나 양말 바닥을 바늘로 촘촘히 꿰매거나 박고, 쇠망치로 바닥을

내연승 안에 들어가면 내연승의 역사를 보여 주는 내용의 그림이 벽에 걸려 있다. 내연승은 처음부터 조정의 관리들을 위한 신발을 만들었다.

두드리는 순으로 진행된다. 이때에는 커다랗고 평평한 바윗돌 위에서 바닥을 두들겨 평평하고 견고하게 만드는데, 이 바윗돌을 추저석이라고 부른다. 내연승에서는 남자 신발을 만들 때의 천층지는 36층, 여자 신발인 경우 34층으로 만든다고 한다.

천층지 작업이 끝나면 바닥을 신발의 몸통에 붙여 꿰매는데, 이렇게 꿰매는 방법에도 '일자침', '십자침', '인자침', '팔자침' 등 여러 가지 방법이 있다. 꿰맬 때 실은 천연 삼노끈을 사용한다. 아무리 숙련된 기

내연승에서 신발을 제조할 때 사용했던 도구들.

술자라도 하나의 이중 십자침으로 바닥을 대기 위해서는 2, 3일이 걸린다고 한다. 신발 한 켤레를 만들 때 무려 2100번의 바느질을 한다고 하니 그들의 대단한 정교함에 놀라지 않을 수 없다.

내연승의 이러한 신발 제작기술은 국가급 비물질 유산으로 지정되었는데, 내연승에 가면 아직도 전통방식으로 신발을 제작하는 모습을 직접 볼 수 있다. 묵묵히 전통을 지켜가는 그들의 제작 방식을 지켜보고 있자니 존경심이 절로 일어났다.

처음 내연승을 만든 조정이라는 사람은 상당히 혜안이 있었던 것 같다. 장사가 잘되었음에도 불구하고 현실에 안주하지 않고 그는 또 다른 변화를 단행했다. 바로 자신의 가게를 방문한 조정 관리들의 이름, 연령, 주소, 치수, 스타일, 취향 등을 기록한 책을 만들고, 이를 '이중비재履中備載'라고 불렀다. 이러한 고객 리스트는 지금은 아주 보편화되었지만, 당시로서는 상당히 혁신적인 것이었다. 스스로 만든 책은 고객관리에 크게 도움이 됐고, 내연승은 나날이 흥성했다. 그리고 더 나아가 신발의 규격화를 이루어냈다.

내연승 마니아로 알려진 성룡의 친필 사인.

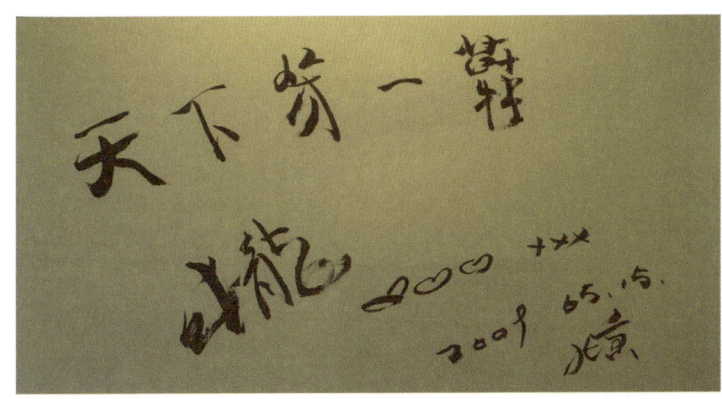

내연승의 신발 제작 시 사용되었던 베틀.

아직도 전통 방식으
로 신발을 제작하는
모습.

내연승 1층에는 수작업으로 만든 다양한 신발을 판매하고 있으며, 2층에는 다양한 종류의 현대적인 신발을 판매하고 있다. 점원들은 다른 가게에 비해 상당히 친절하게 손님을 맞이하고 있었는데, 사진을 찍어도 되느냐는 요청에 흔쾌히 수락하는 모습에서 웬일인지 그들만의 자신감이 느껴졌다.

3층에는 내연승의 역사를 한눈에 볼 수 있는 신발 박물관이 있으므로 중국 신발에 관심이 있다면 방문해 볼 것을 추천한다. 개방 시간은 오전 9시 반부터 11시 반, 그리고 오후 2시부터 5시까지. 이 신발 박물관 입구에는 내연승의 신발을 애용했던 공친왕, 이홍장부터 모택동, 주은래, 등소평 등 중국 지도부 인사뿐만 아니라, 노사중국 현대 소설가, 성룡 등 유명 인사들의 사진들이 걸려 있다. 특히 모택동과 등소평이 직

내연승을 찾았던 이홍장(좌)과 공친왕(우).

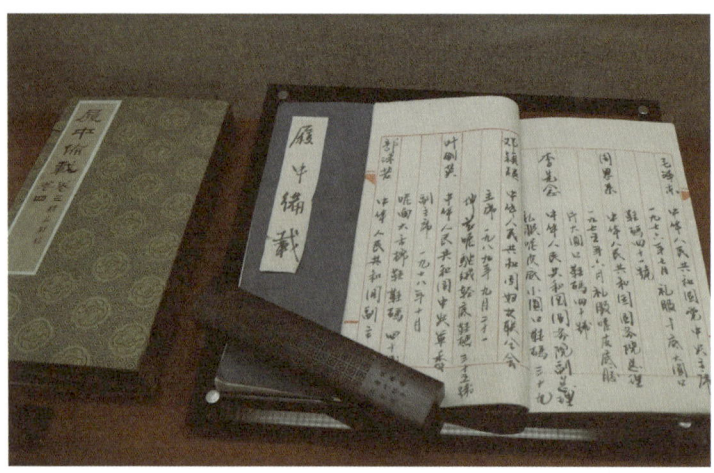

◀일종의 고객 리스트였던 이중비재.

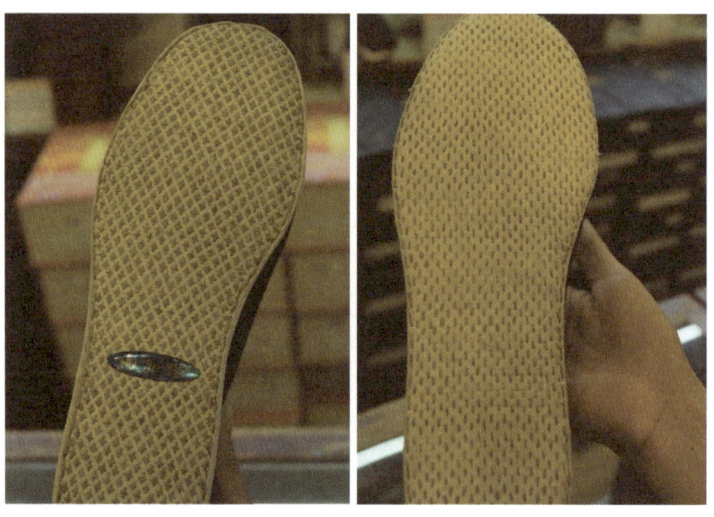

◀일자침과 십자침으로 꿰맨 신발 바닥. 신발 한 켤레를 꿰맬 때 무려 2100번의 바느질을 한다고 한다.

3, 4_ 구름 무늬를 한 운두 신발과 한족의 양식을 모방한 삼촌 근련.

5, 6_ 청대 황실에서 여자들이 신던 격격 신발格格鞋과 조정 대 신들이 신던 조혜朝鞋.

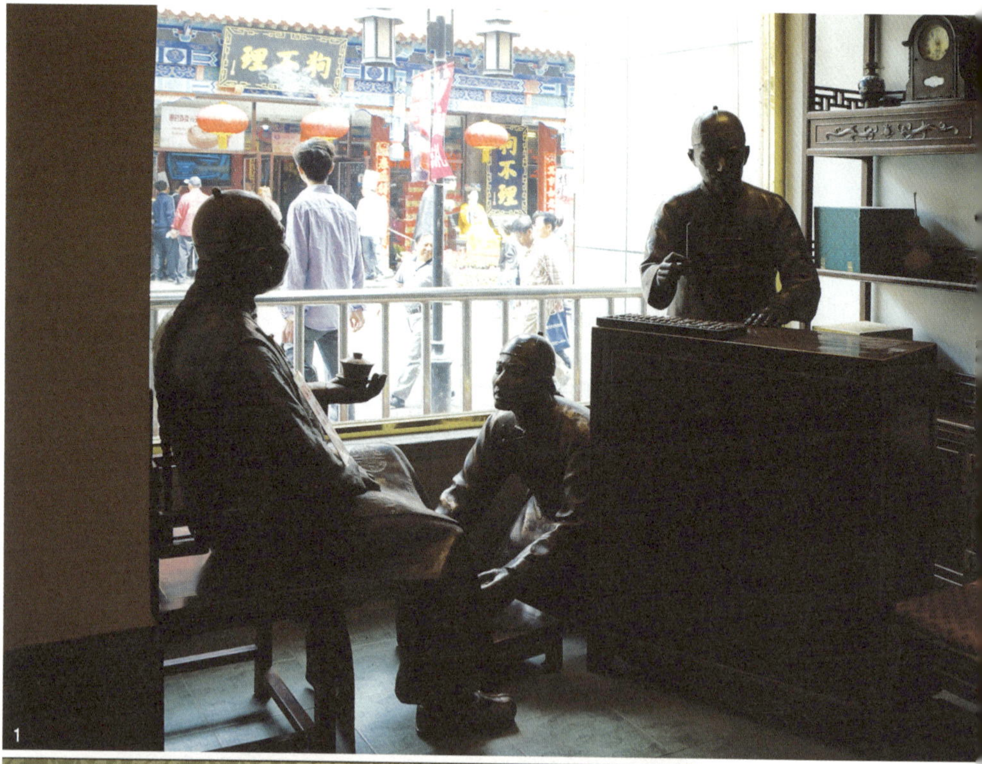
狗不理
狗不理

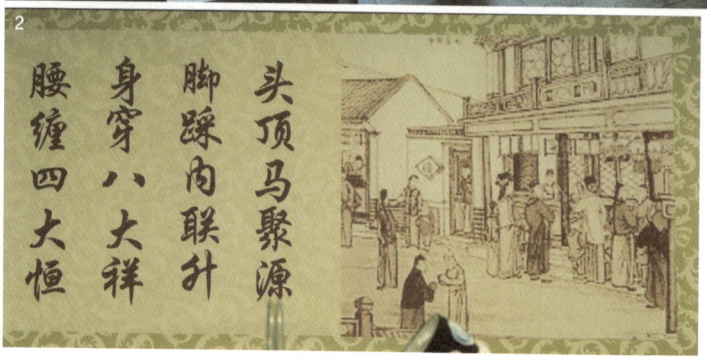

头顶马聚源
脚踩内联升
身穿八大祥
腰缠四大恒

1_ 예전 내연승의 모습을 재현한 청동상.

2_ 100년 전의 노북경 스타일.

접 신었던 신발은 증명서와 함께 전시되어 있다.

  이 박물관의 가장 좋은 점은 다른 곳에서는 쉽게 접할 수 없는 중국 신발의 역사를 한눈에 접할 수 있다는 점이다.

  진·한대의 남자들은 가죽 신발을 신었으며, 여자들은 꽃을 수놓은 면 신발을 신었다고 한다. 위·진·남북조대의 남방에서는 나무 신발이 유행했는데, 이는 장마철이나 진흙길에 걷기 편리하기 때문이다. 당대에는 이미 신발이 신분의 상징이 되었다. 신발 중에서도 당삼채 양식의 신발이 제조되었는데, 이를 '고만 신발고만혜'이라고 불렀다.

  송대의 관원과 부자들은 천 신발과 가죽 신발을 신었는데, 신발 끝이 뾰족하게 튀어나왔으며, 신발에 구름무늬를 띄워 '운두 신발운두혜'이라고 불렀다. 금·원대에는 소수민족인 한족의 옷과 신발양식을 모방한 '삼촌금련'이 유행했다. 청대에는 만주족과 한족의 기술을 결합한 '선저 신발선저혜'을 신었다.

  요즘에도 가방, 옷, 신발, 그리고 모자 등에 각각 어느 브랜드의 어떤 제품이 좋다는 기준이 있듯, 100여 년 전의 북경인들 역시 나름대로의 패션 기준이 있었다. 머리는 '마취원'의 모자를 쓰고, 발에는 '내연승'의 신발을 신고, 몸에는 '팔대상'의 비단옷을 걸치고, 허리에는 '사대항'의 허리띠를 두르는 것이다. 물론 '보영재'와 '동승화' 같은 100년의 역사를 가진 다른 신발가게들도 있지만, 내연승은 성룡의 말처럼 그 중에서도 첫 번째로 손꼽히는 신발 가게이다.

노북경 스타일을 완성하는 모자 가게
성석복 盛锡福

❖ 1911~

강택민 중국 최고 지도자를 비롯해 중국 지도자들이 애용하는 모자가게 성석복. 100% 수작업으로 만들어지는 성석복의 모자기술은 중국 정부가 인정한 비물질 문화유산이다. 성석복에는 전통적인 북경 스타일은 물론 다양한 모자가 판매되고 있다.

주　　소 東城區王府井大街 196號
영업시간 09:00 ~ 21:00
전　　화 65130610

盛錫福

　　　　　모자는 단순히 햇볕을 차단하는 기능을 벗어나 패션 아이템으로 자리 잡은 지 오래인데, 그런 점에서 모자는 한 시대의 흐름과 동향, 문화를 반영한다고 할 수 있다. 북경에는 모자만을 전문적으로 제작하여 100년이라는 세월을 지켜온 가게가 있다. 바로 '성석복盛錫福'이다.

　강택민 중국 최고 지도자를 비롯해 중국 지도자들이 애용하는 곳으로 유명한 모자 가게 성석복은 산동 사람인 유석삼이 1911년에 천진에서 개업하였다. 성盛은 '흥성하고 번창하다'에서 따온 것이고, 석錫자는 '유석삼'의 가운데 이름을 가져온 것이며, 복福자는 유석삼의 아호에서 가져 왔다고 한다.(일부에서는 '상서로움을 기원하다祝福吉祥'라는 의미에서 가져왔다는 말도 있다.)

　유석삼은 원래 밀짚모자를 만드는 데 쓰이는 끈을 만들던 사람이었는데, 경험을 토대로 천진에서 자신의 모자 가게를 열었다. 유석삼은

전문 대로에 있는 성석복 분점. 이곳 옥상에는 모자 박물관의 축소판인 관모 박물관이 있다.

당시 독일의 최신식 모자 제조 기계를 수입해 절반은 사람이 하고 절반은 기계가 하는 반자동화 시스템을 갖췄다. 1937년에는 왕부정 거리에 성석복 분점을 열고 승승장구하며 중국 전역에 분점을 냈다.

북경의 성석복은 왕부정 거리와 전문 대로에 둘 다 있다. 전문 대로의 가게는 전문 대로에서 대책란 거리로 들어가는 입구에 바로 있으며, 왕부정 가게는 거리 입구 오른쪽에 자리하고 있는데 이곳은 이 일대에서 가장 좋은 명당이라고 볼 수 있다.

성석복 가게 1층에서는 다양한 종류의 모자를 구경할 수 있다. 일일이 열거하기 힘들 정도로 다양한 모자들이 진열되어 있는데, 계절과 상관없이 사계절 모자가 구비되어 있다.

가게 2층으로 올라가면 성석복만의 전통적인 스타일의 모자를 만날 수 있다. 성석복의 대표적인 모자라면 역시 '삼모'라고 불리는 초모_{짚으로 만든 것와} 전모_{모직으로 만든 일종의 중절모}, 그리고 피모_{가죽모자}다. 이 세 모자는 유석삼이 성석복을 개업했을 때부터 만들었다고 하니 무려 100년의 시간과 기술이 축적되어 있는 셈이다.

초모 가운데에서도 금사초金絲草 초모를 으뜸으로 꼽는데, 이 금사초라는 것은 필리핀 루손섬이 원산지로 황모초黃毛草, 죽엽초竹葉草, 묘자초猫仔草라고도 불린다. 이 금사초는 열을 발산하고 더위를 식히는 작용을 하는데, 성석복만의 특수 제작과정을 거쳐 부드러운 감촉을 지녀 그야말로 더위를 피하는 최고의 모자다. 단점이라면 값이 1600元_{약 30만 원}으로 고가라는 것.

1_ 과거 성석복에서 팔던 모자들의 디자인.

2_ 예전 성석복의 모습(좌)과 성석복을 광고한 내용(우).

3_ 최고의 여름 모자로 알려진 금사초 초모.

4_ 성석복에 진열되어 있는 모자들.

성석복에서 만든 밍크 모자와 수달 모자. 방한효과가 뛰어나 인기가 좋다.

성석복에서 유명한 모자는 밍크모자. 부드러우면서도 방한 효과가 뛰어나고 아름다워 인기가 좋다. 뿐만 아니라 프랑스 스타일의 수달 모자도 성석복의 대표 상품인데 이 수달 모자는 무려 90단계의 공정 방식을 거쳐서 만든다고 한다.

성석복의 모자 만드는 기술은 11세기 프랑스의 전통 모자 제작방식과 중국 본토의 방식을 결합시킨 것으로서 지금도 여전히 전통 제작에 의해 만들어진다.

제작 방식은 모자의 종류에 따라 다르지만 기본적으로 다음과 같은 과정을 거친다. 먼저 재료를 고른 다음 가죽을 자른 후 평평하게 만들고, 풀을 먹인 후 다림질 등과 같은 10개의 공정을 차례대로 진행한다.

가죽을 자를 때에도 성석복 특유의 재단법을 갖고 있다. 제자도, 인자도, 어린도, 월아도 등이 그것인데 이러한 재단법에 따라 자르기 편하도록 특이하게 만들어진 '분도'와 '재도'라는 도구를 이용한다.

2007년도 중국 상무부는 성석복을 중국 노자호로 인정하고, 2009년 성석복의 모자 만드는 기술을 천진시 비물질 문화유산으로 등재했다. 모자 만드는 모습을 직접 보고 싶어 본점 2층에 있다는 공방으로 올라갔지만 실제로는 창고로 쓰이고 있었다. 점원한테 물어보니 시큰둥한 표정으로 모자 제조 과정은 공개가 안 된다고 했다. 중국의 노자호 중에는 신발 가게 내연승, 붓 가게 대월헌처럼 공방을 공개해 손님들의 이목을 끄는 가게들이 있는 반면, 성석복같이 철저하게 비공개로 하는

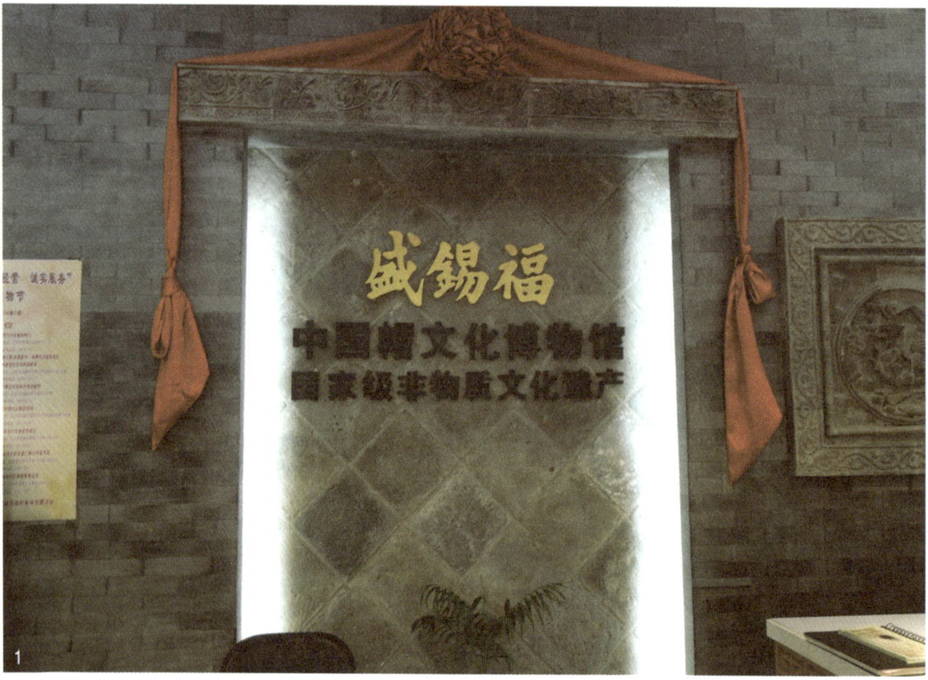

1

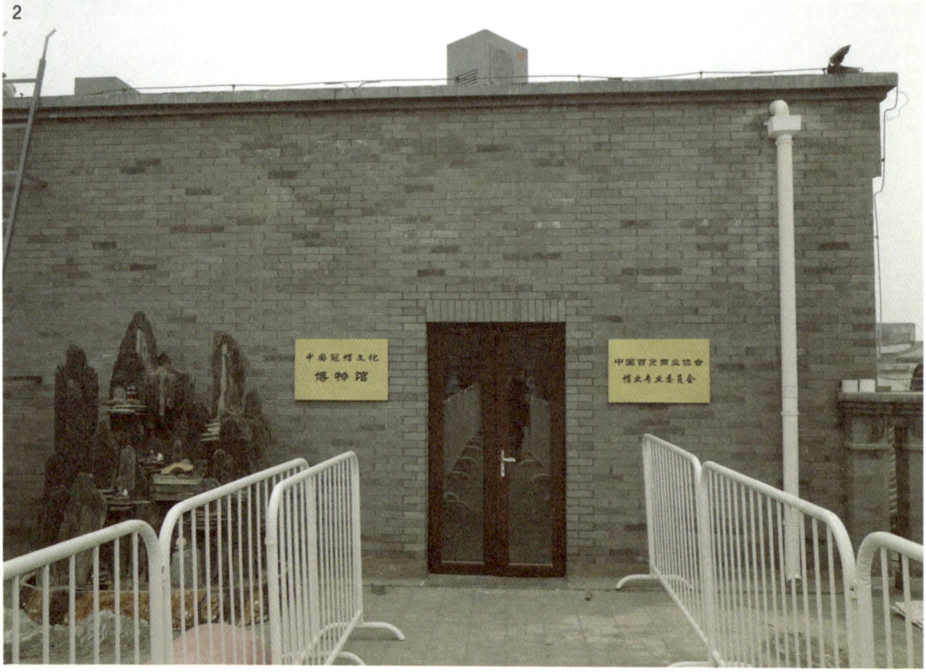

2

가게들도 있다.

만일 성석복과 중국 모자에 좀 더 관심이 있다면 동서역東西站 근처에 있는 '성석복 모자 문화 박물관'에 가 볼 것을 권한다. 이 박물관에는 성석복의 역사뿐만 아니라 중국 모자 문화의 역사를 한눈에 볼 수 있고, 중국 내 소수 민족의 각종 모자도 볼 수 있다. 성석복 가게에서 잘 이야기하면 입장권과 팸플릿을 공짜로 얻을 수 있다. 특히 팸플릿에는 중국 모자의 역사가 간단명료하게 정리되어 있다.

동서역에 있는 성석복 중국 모자 박물관으로 가는 것이 번거롭다면, 전문 대로 성석복 3층에 있는 '중국 관모 박물관'을 방문해 보는 것도 좋다. 규모는 모자 박물관에 비해 작지만 그래도 중국 모자의 변화를 한눈에 느낄 수 있다.

성석복에는 모자 만드는 모습을 직접 볼 수 없지만 초창기에 모자 제작 과정을 담은 사진들이 전시되어 있어 그나마 아쉬움을 달랠 수 있다.

원래 북경에는 성석복이 생기기 이전에 '동승화同昇和'라는 모자 상점이 있었다고 한다. 동승화는 1902년에 문을 열었으니, 성석복보다는 거의 10여 년 먼저 시작한 셈이다. 그러나 성석복이 북경에 들어온 뒤 성석복의 품질을 따라갈 수 없어 결국 모자 사업을 포기하고 신발 가게로 전업했다고 한다. 동승화는 신발 가게로 전업, 오늘날에는 성석복과 함께 최고의 품질을 자랑하는 가게로 이름을 떨치고 있다.

1_ 동서역 근처에 있는 성석복 중국모자 박물관. 모자 박물관에서는 역대 모자의 변천을 한눈에 볼 수 있다.

2_ 전문 대로 성석복 3층에 있는 박물관 입구.

양고기 샤브샤브, 쇄양육 대표 음식점
동래순 東來順

❖ 1903~

북경 사람들이 양고기를 말할 때 빼놓지 않는 집 동래순. 강택민, 이붕 등 중국 고위층들을 단골로 두고 있는 동래순은 1993년 전국인민대회 때 8000명의 식사를 준비함으로써 더욱 더 그 명성을 떨쳤다.

주　　소 大柵欄店 西城區
　　　　　大柵欄街 7號
영업시간 10:00 ~ 22:00
전　　화 大柵欄店 63165836

우리나라 사람들은 소고기를 선호하는 데 반해, 중국인들은 돼지고기와 양고기를 선호한다. 중국에서 양고기 요리의 역사는 상당히 길다. 육조 시기의 책 《제민요술》에서도 이미 양고기 요리법이 31개나 나오는데, 11세기부터는 양고기가 거란족과 여진족의 영향으로 중원에서 유행하게 되었다고 한다.

우리의 양고기 샤브샤브에 해당하는 '쇄양육涮羊肉'은 원대 쿠빌라이의 요리사에 의해 만들어졌다고 한다. 전장에 나갔던 쿠빌라이가 몹시 배가 고파 요리사에게 빨리 양고기를 올리라고 하자, 요리사가 급한 김에 양고기를 썰어 끓는 물에 담갔다 꺼내 소금과 양념을 곁들여 바쳤는데 이것이 바로 쇄양육의 시초가 된 것이다.

쿠빌라이는 처음 맛본 이 양고기 요리가 맛있었던지 극찬을 아끼지 않았고 이후 자주 먹었다고 한다. 이렇게 왕실에서 사랑을 받았던 쇄양육은 청대부터 본격적으로 일반인들에게도 널리 알려지게 되었다.

복잡한 대책란 거리 중간에 동래순 깃발이 보이는 골목 안으로 들어가면 바로 동래순 대책란 분점이 있다.

왕부정 동래순 중국 사람들 사이에서 동래순은 쇄양육을 대표하는 곳이다.

중국인들 사이에서는 "어느 식당의 양고기가 부드러운가를 논할 때에는 반드시 동래순을 손꼽아야만 한다."라는 말이 있을 정도로 동래순은 중국에서 가장 유명한 쇄양육 전문점이다. 이 동래순은 정덕산이라는 사람이 1903년에 창업하였다. 동래순이라는 이름은 '북경의 동쪽에서 와서 모든 것이 순조롭다'라는 뜻이다.

동래순이 처음부터 쇄양육을 팔았던 것은 아니다. 정덕산은 처음에는 죽 가게로 시작했다. 그러다 눈 오는 어느 날 우연히 "이렇게 눈이 올 때에는 전문에서 쇄양육을 먹고 싶은데 너무 비싸서 먹을 수 없다."는 손님들의 대화를 듣고 쇄양육으로 업종 변경을 결심했다고 한다. 그러나 전쟁의 여파로 1914년이 되어서야 비로소 '동래순양육관東來順羊肉館'이라는 현판을 걸고 본격적으로 쇄양육 전문 식당을 시작했다고 한다.

혹자는 정덕산 혼자가 아니라 정덕복, 덕귀 삼형제가 함께 동래순을 열었다고도 한다. 어느 말이 사실인지는 모르겠지만, 일단 동래순의 중심이 정덕산이라는 사실에는 변함이 없는 것 같다.

정덕산은 쇄양육으로 업종을 바꾼 이후 몇 가지 일을 단행했다. 먼저 거금을 들여 당시 북경에서 제일 유명한 집이었던 정양루에서 고기를 제일 잘 썬다는 요리사를 스카우트했다. 이는 양고기를 얼마만큼 얇게 잘 써는가가 쇄양육 장사에서 가장 중요한 일이기 때문이었다.

정덕산은 동시에 북경의 서북부 지역인 동직문 근처에 땅을 구입하여 면양과 숫양을 직접 사육했다. 뿐만 아니라 양념가게 천의순장원天意順醬園을 인수하여 동래순 특유의 양념 개발에 박차를 가했다.

정덕산의 이러한 행보는 마치 오늘날의 맨체스터 시티 구단의 투자와 같다고 할 수 있다. 즉 전통의 강호인 맨체스터 유나이티드에 맞서 맨체스터 시티는 여러 위험에도 불구하고 공격적인 투자를 감행하여 2012년도에 맨체스터 유나이티드를 꺾고 44년 만에 프리미어 리그를 우승하는 쾌거를 올렸기 때문이다.

물론 정덕산도 이러한 공격적인 투자로 인해 초기에는 자금부족으로 허덕였다고 한다. 그래서 그는 나름 묘안을 궁리하다 당시 유통되던 은화 조형을 진흙으로 본 뜬 다음, 붉은 종이로 포장하여 가게 금고에 쌓아 놓았다. 사람들이 그걸 보고 돈이 많은 것처럼 생각하게 한 것이다. 이러한 꼼수는 효과를 발휘하여 당시 거래처 사장들은 동래순이 자본이 튼튼하다고 믿게 되었고, 이는 자금 유통이 원활하지 않았던 정덕산과 대량의 외상거래를 가능케 해주었다.

동래순은 항상 손님들로 문전성시를 이루었기 때문에 동래순의 자금 사정은 곧 원활해졌다. 물론 도덕적으로는 정덕산이 문제가 있다고 할 수 있겠지만, 사업을 하는 데 있어서 이 정도의 융통성은 어느 정도 필요하지 않을까 싶다. 결국 신흥강호인 동래순에 맞서던 전통강호 정양루는 1942년에 도산하게 된다.(정양루는 1986년 다시 문을 열어 오늘날까지 쇄양육과 게 요리를 팔고 있다.)

몇 년 전 처음 동래순을 찾아갈 때 우리는 원래 왕부정의 신동안시장 안에 있는 동래순 본점을 갈 생각이었다. 사람들은 종종 성석복 가게 옆에 있는 동래순을 왕부정에 있다는 이유만으로 본점인 줄 알고

왕부정 거리 신동안 시장 안의 동래순 본점. 이 건물 5층에 있다.

대책란 동래순의 내부 모습. 바깥 시장 골목 분위기와 달리 고급스럽다.

가기도 하는데, 이 가게는 분점이고 본점은 신동안시장 안에 있다. 그런데 하필이면 가는 날이 장날이라고 우리가 방문했을 때 동래순 본점은 리모델링 공사 중이었다.

　이곳 말고 같은 왕부정 거리와 전문 대로, 대책란 등 세 곳에 분점이 더 있는데, 이 중에서 어디로 갈까 한참 고민하지 않을 수 없었다. 그런데 가까운 왕부정 분점은 본점을 보러 왔다 못 본 아쉬움이 커서인지 그다지 가 보고 싶지 않았다. 그리고 전문 대로의 동래순은 전문 대로 끝에 있는 노북경 작장면 집과 같은 건물에 있어서 이미 살짝 본 적이 있다. 결국 우리는 대책란 거리에 있는 동래순으로 향했다.

　대책란 동래순은 골목 안쪽에 있다. 그래서 조금 찾기가 힘들 것 같았는데 골목 입구에 동래순 깃발과 현관이 걸려 있어 그다지 힘들지는 않다.

　'동래순반장東來順飯莊'이라는 현관 아래에는 동래순의 간단한 역사를 소개한 글이 있으며, 기둥에는 '중화제일쇄 동래순반장中華第一涮 東來順飯莊'이라고 써 있었다. 시장 골목의 분위기와는 달리 동래순 1층 입구에 들어서자 카운터와 계단 등 전체 분위기가 고급스러워 마치 다른 세상에라도 온 듯한 느낌이 들었다.

　안내하는 종업원을 따라간 곳은 2층 식당. 이곳 역시 사람이 늘 북적대는 곳이므로 제맛을 즐기려면 역시 식사 시간은 조금 피하는 것이 좋다. 우리는 점심시간보다 조금 이른 시간에 찾아갔다.

　메뉴판을 보면 언제나 생소한 메뉴들 때문에 조금 당황스러운데 다른 노자호 식당과 마찬가지로 이곳에서도 종류별로 골고루 맛볼 수 있는 세트 메뉴가 준비되어 있었다. 세트는 2인분 268元부터 10인분 2998元까지 골고루 준비되어 있어 우리는 2인 세트 메뉴를 주문했다. 그래도 총 10가지 재료로 구성되어 있어 상당히 알찬 편이었다.

주문을 하고 나니 얼마 후 종업원이 양송이 버섯육수에 생강과 파를 신선로에 넣고 끓였다. 이렇게 하면 양고기의 비린내가 없어진다고 한다. 다음에는 양배추와 목이버섯, 그리고 느타리버섯을 넣고 신선한 새우, 양고기 순으로 넣어 먹었다.

동래순의 신선로는 동래순이 자체 제작한 것으로 화로의 높이가 높고 화력이 강하므로, 양고기는 넣자마자 바로약 5초 정도 꺼내 먹어야만 한다. 이렇게 데쳐 먹은 양고기는 그야말로 입에서 살살 녹았고, 양고기 특유의 비린내라고는 찾아볼 수가 없었다. 새우도 데쳐 먹으니 신선함과 새우 본연의 맛이 그대로 느껴졌고, 배추도 담백한 맛을 한층 더했다. 버섯의 쫄깃함과 너무 뜨거워 호호 불면서 맛본 건두부 역시 두부 본래의 맛을 느끼기에 충분했다.

양념장 또한 특별했다. 천연 간장과 땅콩장, 그리고 소흥황주 등을 배합해 특별한 맛을 냈다. 마늘절임 역시 깔끔했다. 다만 향채가 들어가 있으니 향채를 즐기지 않는다면 종업원에게 미리 향채를 빼 달라고 하면 된다. 세트에는 양 꼬치도 포함되어 있다.

양고기를 먹고 난 후 소병을 한입 베어 먹었는데, 비록 소는 없지만 참깨로 인하여 상당히 맛이 고소했다. 마지막으로 녹말로 만든 면을

2인분 세트 메뉴. 10가지 재료로 구성돼 꽤 알차다.

북경 샹집

신동안시장의 동래순 본점 입구와 100주년 기념 화로(아래).

끓여 먹는데, 쫄깃쫄깃할 것이라는 예상과 달리 면발을 젓가락으로 들면 뚝뚝 끊어졌다. 이것을 땅콩 소스에 찍어 먹었는데 아주 맛있었다.

동래순의 유명도는 1993년 전국인민대회 당시 8000명의 식사를 준비한 것만 봐도 알 수 있다. 이때 강택민, 이붕 등 고위 간부들이 동래순 쇄양육을 맛보고 "맛이 독특하여 그 명성을 온 천하에 떨친다.風味獨特, 名震四海"라고 적힌 페넌트를 보냈을 정도다.

얼마 전 겨울, 다시 북경에 갔다 드디어 신동안시장의 동래순 본점을 찾아갔다. 본점 입구에는 동래순 탄생 100주년을 기념하는 커다란 화로가 놓여 있는데 행인들이 사진을 찍느라 그 앞이 북적댔다. 동래순 본점은 리모델링했기 때문에 매우 깨끗하고 고급스러웠다.

이번에도 2인용 기본세트를 주문했다. 그런데 대책란 분점에 비해 재료가 약간은 부실하다는 느낌이 들었다. 이미 화로에는 약간의 육수가 끓고 있었기 때문에 오랜 기다림 없이 테이블에 놓인 고기양고기와 돼지고기와 두부, 그리고 배추, 양상추, 쑥갓 등의 야채를 화로에 넣었다. 탕은 양념이 되어 있지 않아 고기, 두부, 배추, 양상추, 쑥갓 등이 지닌 본연의 맛을 느끼기에 충분했다. 그러나 조금 싱겁다 못해 심심한 느낌마저 들었는데, 이 때문인지 곁들이는 소스와 절인 배추의 맛과 향이 상대적으로 강했다. 배추는 우리의 폭삭 익은 짠 백김치 맛과 흡사한데 신김치를 좋아한다면 비록 많이 짜기는 하지만 우동, 야채 등과 곁들이면 좋을 것 같았다.

면은 두 종류로 나오는데 하나는 둥근 우동면이고, 다른 하나는 우리의 당면과 비슷한 면이다. 우리의 당면보다는 조금 더 굵고, 함께 구비된 우동면보다는 좀 더 쫄깃하다. 이곳에서는 향채가 따로 나왔다.

동래순 본점이라는 기대가 컸던 탓일까. 솔직히 대책란점에서 먹었던 것보다는 맛이 덜했다. 더군다나 대책란 동래순에서 2인용은 268元인데 비해, 왕부정 본점은 288元으로 더 비싸기까지 했다. 그리고 대책란에서는 새우가 나왔는데 동래순에서는 새우가 안 나와 혹시 실수로 새우를 빼먹은 게 아닌가 해서 메뉴판을 보니 대책란 동래순과 왕부정 본점의 동래순 세트 메뉴의 구성이 달랐다. 보통 본점을 선호하는 편이지만, 동래순 쇄양육은 신동안시장의 본점보다는 대책란의 동래순이 낫다는 생각이 들었다.

이슬람식 양 불고기 전문점
고육계 烤肉季

❖ 1848~

정통 중국식 불고기집 고육계에서 가장 유명한 것은 양 불고기인 고양육. 농장에서 매일 직접 공수한 생고기로 고기를 만든다는 고육계에서는 전통 무흘방식으로도 양고기를 먹을 수 있다.

주 소 西城區前海東沿 14號
영업시간 1:00 ~ 21:30
전 화 64045921

북경에는 청춘 커플들과 외국인들로 북적대는 십찰해什刹海라는 곳이 있다. 이 십찰해 지역은 원래 원대부터 북경의 상업지역으로 유명한 곳이었다. 분위기 넘치는 카페들과 좁은 골목길을 거닐다 명나라 때 만들어졌다는 작은 다리인 은정교를 지나게 되면 바로 이슬람식 양고기 불고기로 유명한 고육계가 나온다.

가게 정문에는 '고육계烤肉季'라는 한자뿐만 아니라 이슬람어로 쓰인 현판도 함께 걸려 있다. 한편 '청진淸眞'이라는 현판도 걸려 있는데, 이 '청진'은 '산뜻하고 질박하다'라는 의미도 있지만, 이는 '이슬람식' 또는 '회교식'이라는 의미도 있다. 즉 '고육계'가 이슬람계의 식당임을 나타내는 말이다.

고육계는 청나라 도광 28년인 1848년 회족인 계덕채란 사람이 처음 문을 열어 오늘날에까지 이르고 있다. 따라서 그 역사가 160여 년에 이른다.

고육계 정문에 걸려 있는 이슬람어 현판(오른쪽). 청진(왼쪽)이라는 뜻은 이슬람계의 식당임을 뜻한다.

우리는 전망 좋은 2층 창가에 자리를 잡은 다음 종업원이 가져다 준 메뉴판을 살펴봤다. 메뉴판에는 그 유명한 '고양육烤羊肉'이 바로 나왔다. 고육烤肉이라는 것은 구운 고기라는 의미인데, 쉽게 말해 우리나라의 불고기 같은 것이라고 할 수 있다. 고육은 본래 유목민의 음식으로 그 기원은 몽골까지 거슬러 올라간다.

고육계에서는 소고기와 사슴고기도 팔지만 주된 메뉴는 역시 고양육인데, 이 고양육을 먹지 않으면 고육계에 온 의미가 없다고 한다. 유명한 갈비집에 와서 갈비는 안 먹고 냉면만 먹고 가는 것과 같은 이치랄까? 구이용 고기는 면양의 앞다리와 뒷다리 부분을 사용한다고 한다. 가격도 88元약 1만5000원 정도로 두 사람이 먹기에 부담이 없었다.

일반적으로 노자호 식당에서 쓰이는 접시는 상당히 고급스러운 느낌을 주는데, 고육계 식당 접시도 예외는 아니었다. 특히 노란색 문양으로 '만수무강萬壽無疆'이라고 쓰여 있는 접시들이 인상적이었다. 주문을 하고 얼마 안 돼 점원이 조그마한 석쇠를 갖다 주고 화로 안의 초에다 불을 붙여 주었다. 이 위에 석쇠를 올리고 간장 양념이 된 양고기를

식사 시간이 되면 언제나 대만원을 이룬다.

올려 구워 먹는데 석쇠 온도가 적절히 유지되어 육질이 굳지 않고 먹는 내내 맛을 유지할 수 있었다.

고양육은 비계가 거의 없었다. 고기 양념이 다소 짠 듯했지만 양고기 육질이 그대로 느껴지고 얇게 썰어 입안에서 부드럽게 녹았다. 또한 중국 특유의 향채도 어우러져 있어 정말 맛있었다. 그러나 중국 음식에 익숙하지 않은 사람들에겐 중국 특유의 향채 맛이 거북할 수 있으므로 주문할 때 미리 빼달라고 말해야 한다.

양고기를 먹는 방법에는 두 가지 방식이 있다고 한다. 하나는 일반적으로 우리가 먹는 방식으로 식탁에 앉아 얌전하게 술과 고기를 먹는 것으로 이를 '문흘文吃'이라고 한다. 다른 하나는 자리에 앉지 않고 기다란 대나무 젓가락으로 고기를 구우면서 한쪽 발을 의자에 올려놓고 먹는 것으로 이런 방식을 '무흘武吃'이라고 한다.

어떻게 보면 상당한 허세를 부리면서 먹는 것처럼 보이는 무흘 방식은 요즘에는 거의 찾아보기 힘들다. 그러나 1930년대에는 상당히

고육계 메뉴판과 고급스러운 접시.

양고기를 무흘 방식
으로 먹는 모습을 표
현한 그림.

연대사가와 선어구의 분점에서도 고육계 양 꼬치를 맛볼 수 있다.

많은 사람들이 무흘 방식으로 양고기를 먹었다고 하니 식당 분위기가 볼 만했을 것이다. 만약 무흘식으로 양고기를 먹어 보고 싶다면 하루 전에 고육계에 예약을 하면 된다. 10인 기준으로 가격이 각각 3500元약 62만 5000원과 4500元약 80만 원짜리가 있다.

고육계는 십찰해뿐만 아니라 근처에 있는 연대사가烟袋斜街의 작은 가게에서도 양 꼬치를 판매한다. 전문 대로 선어구 쪽에도 본점과 맞먹는 크기의 분점이 있는데 가게 앞에서도 역시 양 꼬치를 판매해 어렵지 않게 고육계의 양 꼬치를 맛볼 수 있다.

과거와 현재가 함께하는
십찰해 什刹海 거리와 연대사가 煙袋斜街

북경에 자주 가지만 종종 답답하다는 느낌을 받곤 한다. 날씨 탓도 있겠지만, 아마도 북경은 강이 하나도 없는 도시라서 그런 듯하다. 그럴 때마다 공원을 거닐어 보지만 중국 공원 대부분은 그다지 조용하지 않다. 음악을 크게 틀어놓고 춤 연습을 하거나 운동을 하는 등 번잡스러워 오히려 더 산만하다.

공원 대신 자주 찾았던 곳이 바로 '십찰해'이다. 십찰해는 '10개의 사찰이 호수 주위에 있는 지역'이라는 뜻인데, 호수는 북경 북부에 있는 3개의 호수를 말한다. 십찰해는 전해, 후해, 서해로 나뉘는데 금대에는 백연담, 원대에는 적수담이라고 불리었다. 그래서 지금도 십찰해 주변에는 적수담이라는 지하철역이 있다. 십찰해라고 불리기 시작한 것은 명대부터이다.

십찰해를 가는 방법은 여러 가지가 있다. 예전에는 지하철을 이용한다면 적수담역이나 고루대가역에서 내려서 갔는데 2012년 12월에 개통된 6호선 북해북北海北역에서 내리면 바로 찾아갈 수 있다. 개인적으로 십찰해를 가기 전 북해공원北海公園을 한번 들렀다 가 보는 것을 추천한다.

▶십찰해는 10개의 사찰이 호수 주위에 있어 붙여진 이름이다.

▶하화시장 입구. 전해의 시작이다.

십찰해에서는 인력거를 타고 호수를 구경할 수 있다(왼쪽). 연대사가 근처에 있는 고루(오른쪽).

    북해공원 북문으로 나오면 바로 맞은편 길 건너편에 '하화시장荷花市場'이라는 현판이 보이는데, 이곳이 바로 '전해'의 출발점이다. 하화는 연꽃을 말하는데 옛날부터 연꽃이 유명한 지역으로 연꽃을 파는 시장도 있었다.
    이 십찰해에서는 또 다른 북경의 모습을 만날 수 있다. 길게 늘어선 버드나무와 어우러진 호수의 모습, 그리고 카페에 앉아 한가로이 커피를 마시는 연인들의 모습, 전해에서 뱃놀이하는 사람들, 그리고 작은

고루에서 내려다 본
시내 모습.

골목인 호동胡同 투어를 하는 인력거의 모습 등. 하나하나가 상당히 여유롭게 느껴진다. 가끔 속옷차림으로 수영하는 사람까지 있어 당황스럽기도 하지만 그만큼 북경 사람들의 삶을 볼 수 있는 곳이기도 하다.

전해 쪽 골목길을 쭉 따라 올라가다 보면 은정교銀定橋를 만나게 되는데, 이 다리를 기점으로 전해와 후해가 경계를 이룬다. 명대에 만들어진 이 은정교는 말굽 모양의 은덩어리를 거꾸로 놓은 형상과 같다고 하여 은정교라고 불리게 되었다. 지금의 다리는 1990년에 보수한

연대사가에 있는 다
양한 가게들

것이다. 이 은정교를 지나면 연대사가煙袋斜街라는 또 다른 거리를 만나게 된다.

'연대'는 담뱃대를 말하는데, 청대에 담뱃대를 파는 가게가 이곳에 많았기 때문에 붙여진 이름이라고 한다. 청대에 쓰여진 《건륭경성전도》에는 '고루사가'라고 기록되어 있으나, 《광서순천부지》에는 '연대사가'라고 기록되어 있는 것으로 보아 '연대사가'라고 불린 것이 그리 오래된 일이 아닌 듯하다. 고루사가라고 불린 것은 이 거리 바로 옆에 고루북을 단 누각가 있었기 때문이다.

연대사가는 십찰해와는 또 다른 멋을 가진다. 십찰해보다 조금 복잡한 듯하지만 아기자기한 맛이 있다. 담뱃대 가게, 티베트 가게, 차 가게, 도장 가게 등 재미있는 상점이 많을 뿐만 아니라 독특한 카페들 또한 많아 가볼 만하다. 개인적으로 이곳 카페에서 파는 수제 햄버거를 좋아하는데, 우리나라의 웬만한 햄버거 집보다 훨씬 맛있다.

연대사가를 나오면 바로 고루와 종루를 만나게 된다. 그리고 근처에는 '혼돈후'라는 맛있는 만둣국집이 있다. 햄버거와 피자만 먹기가 조금 허전하다면 이곳에 들러서 만둣국을 시식해 보자. 어느새 속이 든든해질 것이다. 든든해진 배를 소화시킬 겸 고루에 올라 북경 시내를 한번 둘러보는 것도 좋다. 다만 고루로 올라가는 계단이 무척이나 가파르기 때문에 고소공포증이 있다면 동행자와 함께 가도록 하자.

이렇게 전문 대로에서부터 대책란 거리를 거쳐 유리창 문화거리까지 걷다 보면 과거 북경의 모습을 조금이나마 상상해 볼 수 있다.

중국 최고의 약방
동인당 同仁堂

❖ 1669~

중국의 대표 약방 동인당은 무려 400년이 넘었다. 황궁 태의원에서 일하던 약현양으로부터 시작된 동인당은 황실의 신뢰를 무한히 받던 약방이었다. 북경에서 우황청심환을 파는 가장 유명한 곳인 동인당 약방 이야기.

주 소 西城區前門大栅栏 24號
영업시간 08:00 ~ 17:30
전 화 63031155

우리나라 사람이라면 한 번쯤 우황청심환을 먹어본 적이 있을 것이다. 면접을 본다든지, 중요한 발표를 한다든지 할 때 긴장감을 해소하기 위해 먹었을 수도 있고, 실제 위급한 상황에서 먹었을 수도 있을 것이다. 약간의 오남용이 있음에도 불구하고 우황청심환은 약국에서 쉽게 구할 수 있는 보편적인 약이 되었다.

우황청심환의 기원은 송대의 책인 《태평혜민화제국방太平惠民和剂局方》인데, 우리나라는 허준의 《동의보감》 처방에 따른다고 한다. 그렇

다면 중국에서 이러한 우황청심환을 파는 가장 유명한 곳은 어디일까? 아마 열 명에게 물어보면 열 모두 '동인당'이라고 대답할 것이다. 중국에는 소위 4대 약방이 있는데, 바로 북경동인당北京同仁堂, 항주호경여당杭州胡慶余堂, 한구엽개태漢口葉開泰, 광주진이제약점廣州陳李濟藥店이다. 그중에서도 동인당이 으뜸이라고 할 수 있다.

동인당 본점은 대책란 거리에 있는데, 유명한 찻집 장일원張一元 옆에 있어 찾기가 쉽다. 본점 입구 양쪽 기둥과 옆쪽 벽면에는 '동인당노약포同仁堂老藥鋪'라고 선명하게 씌어 있다. 그런데 바로 정문을 통해 약국으로 들어가지 말고 오른쪽 골목으로 잠깐 들어가 보면 동인당의 역사를 간단하게 소개한 석판과 옛날 동인당에서 약을 제조하는 모습이 상당히 사실적으로 조각돼 있는 벽화를 발견할 수 있다.

동인당은 악현양이라는 사람이 1669년에 세웠다고 한다. 악현양은 원래 황궁 태의원太醫院의 예목이라는 관리로서 주로 태의원의 문서들을 다뤘다. 따라서 악양현은 궁정에 있는 의학 서적을 비롯하여 수많은 희귀 자료들을 손쉽게 볼 수 있었다. 악현양의 셋째 아들인 악명봉

옛날 동인당에서 약을 제조하던 모습을 재현한 석조

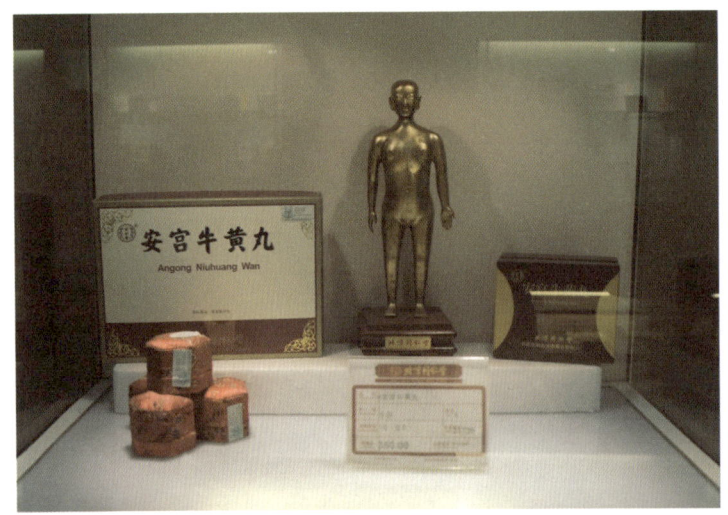

동인당 1층에 전시된 동인당의 상징 침구동인과 안궁우황환.

이 가업을 이어받았는데 그는 1706년 옛날부터 전해져 내려오는 처방, 궁정 비방, 민간 처방, 악씨 집안 대대로 전해져 내려오는 비방을 정리하여 그 이름도 무척이나 긴 《악씨세대조전환산고단하료배방》이라는 책을 내놓아 동인당의 명성을 천하에 떨쳤다.

당시에는 약방들이 서로 다른 재료와 제조 방식을 쓰고 있었다. 이러한 상황에서 펴낸 이 책은 각종 약의 처방, 규격, 용량, 효능 등을 상세히 기록하고 있어 당대뿐만 아니라 오늘날까지도 중의학의 경전으로 남게 된다.

동인당의 명성은 나날이 높아져 결국 1723년 옹정 황제 때에는 황궁에 약을 제공하게 되었는데, 이후 8명의 황제를 거치는 동안 동인당은 줄곧 황실에 약을 제공하는 약방이 됐다. 서태후는 동인당에 황실

내에서 직접 약을 제조하라는 명령을 내리기까지 했는데, 황실이 갖고 있는 동인당에 대한 신뢰가 대단했음을 알 수 있다.

동인당 1층에 들어서면 마치 백화점에라도 들어선 듯 넓은 홀에 한약들이 진열되어 있고 약사들이 상담을 하고 있는 모습을 볼 수 있다. 내 시선을 끈 것은 우황청심환보다 안궁우황환安宮牛黃丸이었다. 그도 그럴 것이 다른 약들과는 달리 안궁우황환만 동인당의 상징이라고 할 수 있는 침구동인針灸銅人과 함께 따로 전시되어 있으니 시선이 자연스럽게 갈 수밖에 없었다.

수백 년의 역사를 자랑하는 동인당의 수많은 한약들 중에서 소위 '10대 명약'이 있다. 바로 안궁우황환, 조계백봉환, 안곤찬육환, 삼용위생환, 소합향환, 재조환, 국방지실단, 활락단, 여금단, 자설산 등이 그것들이다. 이 중 안궁우황환을 제일로 꼽는다. 재미있는 점은 우황청심환은 동인당의 10대 명약에 포함되지 않는다는 사실이다.

안궁우황환은 우황청심환 약효보다 몇 배 높은 것으로 알려졌다.

동인당의 우황청심환.

약사한테 이 둘의 차이점을 물어보니 우황청심환은 그냥 평소에 먹어도 되지만, 안궁우황환은 매우 급할 때에만 반드시 처방을 받고 복용하는 것이라고 말했다. 가격 역시 안궁우황환은 350元 약 6만2000원인 반면, 우황청심환은 70元 약 1만2000원이었

다. 그리고 안궁우황환은 케이스에 달랑 하나 들어 있는 반면, 우황청심환은 6개나 들어 있으니 약효나 가격 차이는 더하다고 할 수 있다.

그런데 우리나라 사람이 안궁우황환을 먹고 수은중독에 걸렸다는 기사를 접한 적이 있었는데, 비록 동인당이 중국 정부에서 인정한 약국이지만 약의 오남용은 피하는 것이 좋을 것 같다.

1층 중앙에 있는 에스컬레이터를 타고 2층으로 올라가면 다양한 한약재를 구경할 수 있다. 이곳에서는 여름에는 풀이었다가 겨울에는 곤충이 된다는 동충하초가 가장 눈길을 끌었다. 그러나 솔직히 우리

1_ 과거 동인당과 자웅을 겨뤘던 전문 대로에 있는 장춘당. 사람이 없어 한가하다.

2_ 환자들을 진료하는 한의사들.

3_ 신동안 시장 안에 있는 동인당.

2층에서 파는 각종 약재들.

나라 한약방에서 중국산 한약재를 국산으로 속여서 판다는 이야기를 너무 많이 들어서 그런지 그렇게 구미가 당기지는 않았다.

조제가 아무리 까다로워도 정성을 아끼지 않고, 재료가 아무리 비싸도 재료값을 아끼지 않으며, 사람들은 정성을 보지 못해도 하늘만은 그 심혈을 안다는 기업정신을 갖고 있는 동인당. 경쟁사와의 경쟁뿐만 아니라 서양 의약품과의 대결에서도 뒤지지 않는 동인당은 최근에 화장품까지 출시하면서 사업 영역을 확장하고 있다.

과거 동인당과 자웅을 겨루었던 장춘당長春堂 등 다른 약방들은 근근이 명맥만을 유지하고 있는 가운데, 중국 약방의 대명사라고 할 수 있는 동인당은 대책란 본점 외에도 여러 곳에 분점이 많아 북경 어느 곳에서나 쉽게 만날 수 있다는 점은 참으로 대조적이다. 아마도 동인당은 국가 차원에서 지원하기 때문이지 않을까 싶다.

우정을 제외하고
모든 것을 자른다는 가위·칼 가게
왕마자 王麻子

❖ 1651~

표면이 검고 반들반들 윤기가 나는 '검은 호랑이'라고 불리는 가위는 왕마자의 대표적인 상품으로 중국 가위의 대명사가 되었다. 구입 후 1년이 지나도 파손되면 그대로 새것으로 바꿔줄 만큼 품질과 신용을 자랑하는 왕마자 이야기.

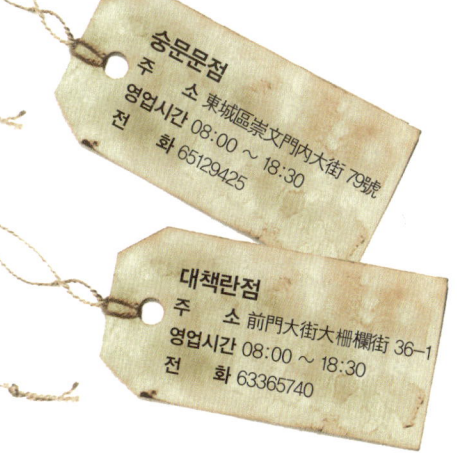

숭문문점
주　　소 東城區崇文門內大街 79號
영업시간 08:00 ~ 18:30
전　　화 65129425

대책란점
주　　소 前門大街大柵欄街 36-1
영업시간 08:00 ~ 18:30
전　　화 63365740

王麻子

　　중국에는 "남쪽에는 장소천이 있고, 북쪽에는 왕마자가 있다."라는 말이 있다. 장소천은 칼을, 왕마자는 가위를 파는 곳인데 이 두 곳은 어찌 보면 가위와 칼이라는 조금은 시시한 품목을 파는 상점들이지만, 생활에 꼭 필요한 것을 파는 집으로서 없어서는 안 될 곳이다. 장소천과 왕마자는 작지만 누구나 꼭 필요한 가위와 칼을 만들면서 300년 이상의 전통을 자랑하는 곳들이다.

　　가게 입구에는 1988년 《북경일보》에 실린 왕마자의 역사를 소개하는 간판이 걸려 있다. 이에 따르면 1651년 왕씨 성을 가진 산서 지방 사람이 북경 선무문밖 야채시장 근처에 작은 노점상을 열었다고 한다. 왕 사장은 초기에는 직접 가위 공장들을 돌아다니면서 '세 번 보고 두 번 시험'하는 방식으로 가위를 구입해 팔았을 뿐 직접 가위를 제작하지는 않았다고 한다.

　　왕 사장이 가위를 '세 번 봤다'는 것은 먼저 모양이 괜찮은지, 가공 가게 입구에는 왕마자 역사를 소개하는 글이 있다.

이 조잡하지는 않은지, 가위 머리와 손잡이 상태가 어떤지 보고, 두 번째에는 가위 날의 재료와 가공 상태를 보고, 세 번째에는 가위 축 부분을 자세히 보았다고 한다. '두 번 시험'한다는 것은 먼저 가위 날을 시험하고, 두 번째는 손의 느낌을 시험한다는 것이다.

왕 사장은 나름 자신만의 엄밀한 테스트를 통과한 가위만을 노점에 내다 팔았는데 품질이 좋다 보니 사람들 사이에 점차 입소문이 퍼지

번뇌는 잘라도 우정만은 자를 수 없다는 왕마자의 가위와 칼.

기 시작했다. 딱히 가게 이름조차 없었던 왕사장 가게를 사람들은 '왕마자 가게'라 불렀다. 왕사장의 얼굴에 곰보자국이 있었기 때문이다.

1861년 그의 후손이 정식으로 '3대 왕마자'라는 간판을 걸고 정식으로 가위 가게를 열었다. 이때부터는 기존의 구입하다 판매하는 방식에서 벗어나 화로를 설치해 직접 가위를 제작했으며, 가위에 '왕마자'라고 새겼다. 물론 이들의 제조 기술은 비밀에 부쳐졌다. 이후 왕마자는 가위뿐만 아니라, 다양한 종류의 칼로 사업을 확장하여 지금은 중국 가위와 칼 시장의 50%를 차지하고 있다.

왕마자 숭무문점과 대책란점 두 곳 모두 아담한 크기였지만 다양한 종류의 가위와 칼을 고루 갖춰 놓고 있었다. 이른 아침임에도 불구하고 사람들의 발길이 끊이지 않았는데, 북경 사람들은 이른 아침부터 가위와 칼을 사러 다니는 모양이다.

이것저것 둘러보는데 주인아저씨가 가위 하나를 추천했다. 360년 전부터 생산되는 것으로 왕마자에서 가장 전통 있는 스타일이며 '검은 호랑이黑老虎'라는 별명을 가진 것이라고 했다. 가위를 받아들고 살펴 보니 이름에 걸맞게 가위의 몸통이 온통 검은색으로 칠해져 있고 예리하면서도 묵직한 힘이 느껴졌다.

실제로 사용해 보니 두꺼운 종이도 거뜬히 자를 정도로 예리했다. 중국 무협영화에서나 볼 수 있는 멋진 칼들도 많았지만, 출국할 때 공항 검색대에서 걸리므로 구입하지는 않았다.

왕마자 가게 한편에는 '세상의 번뇌는 모두 잘라 버리는데 오직 우정만은 자를 수가 없다. 선물을 보낼 때에는 왕마자(의 가위나 칼)를 보내시오'라는 글이 써 있었다.

300년의 긴 역사를 자랑하는 만큼 이곳만의 역사를 모아 놓은 곳이 있을까 궁금하던 차에 주인아저씨가 왕마자에 관심이 있다면 왕마자

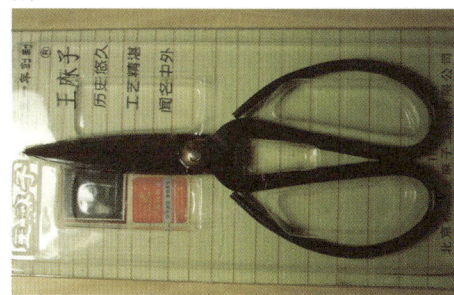

'검은 호랑이'라고 불리는 왕마자의 대표적인 가위(좌)와 옷을 자를 때 쓰는 가위(우).

박물관이 있으니 그곳을 찾아가 보라며 주소를 알려 줬다.

그러나 막상 주소만 보고 찾아가려니 쉽지 않았다. 왕마자박물관을 제일 쉽게 찾아가는 방법은 선무문宣文門역에서 내려 G출구로 나와 왼쪽 큰 골목인 향로영두로香爐營頭條를 쭉 따라가는 것이다. 이 길가에 보면 장승상주루莊勝商住樓라는 큰 주상 복합건물이 있는데 이 건물 지하에 바로 왕마자박물관이 있다.

어렵사리 박물관을 찾아 들어갔는데 잠시 휴관 중이라는 안내문이 붙어 있었다. 그래도 혹시 하는 생각으로 경비를 보던 아주머니께 꼭 취재를 꼭 하고 싶다고 말하자 박물관장과 직접 통화를 할 수 있게 해 줬다. 박물관장은 나의 취지를 듣고 흔쾌히 이틀 후인 12월 31일 오전 10시에 박물관에서 보자고 했다.

12월 31일, 박물관에 다시 가자 이미 안면이 있던 경비 아주머니가 반갑게 인사를 해왔다. 약속 시간인 10시가 되자 50대 후반으로 보이는 노신사 한 분이 현관으로 들어왔다. 바로 박물관장이었다. 박물관장은 연말에는 박물관을 찾는 사람이 많지 않아 잠시 휴관을 한다며 굳게 닫혀 있던 철문을 열었다. 들어가 보니 박물관 내부는 밖에서 보는 것과 달리 상당히 넓었다.

왕마자박물관은 크게 세 개의 방으로 구성되어 있었다. 첫 번째 방은 현재 팔고 있는 왕마자 상품을 구경도 하고 구매도 할 수 있는 일종의 상점의 역할을 하는 방이었다.

두 번째 방은 가위의 역사를 설명해 놓은 방이었다. 이곳의 설명에

왕미자박물관은 장승 상주루 주상복합 건물 지하에 있다.

따르면 가위의 원형이라고 할 수 있는 것은 '교도호끼'라는 것인데 이것은 젓가락의 영향을 받아 전국시대에 출현했다. 최초의 가위는 2100여 년 전인 서한 시대에 만들어진 것. 특이한 것은 이 시기의 가위 손잡이는 8자 모양이라는 것이다. 이러한 사실들은 일반 책에서는 찾기 힘들고 박물관에나 와서야 알 수 있는 정보들이다. 이 방 앞에는 가위

1_ 가위를 제조하는 모습을 재현한 청동상.

2_ 낙양에서 출토된 서한 시기의 가위.

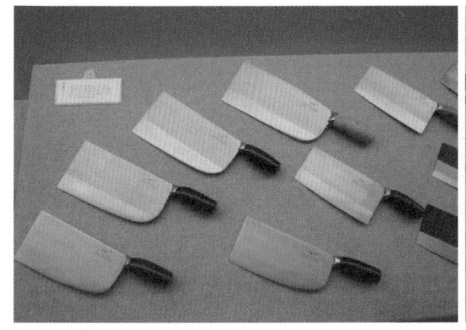 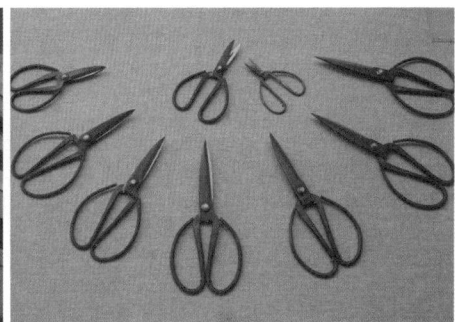

다양한 왕마자의 칼들과 다양한 종류의 검은 호랑이 가위들.

를 만드는 청동상이 있는데, 그 모습이 상당히 인상적이었다.

세 번째 방은 왕마자의 어제와 오늘을 엿볼 수 있는 방인데, 다양한 종류의 '검은 호랑이' 가위를 비롯해 각종 재단용 가위들과 동물의 융털을 자르는 가위들도 있었다. 또한 소재도 다양해 탄소강철 칼, 스테인레스 칼, 용머리 칼 등이 전시되어 있었다.

'검은 호랑이' 가위가 왕마자의 전통적인 가위를 대표한다면, 'V금도'는 현재의 왕마자를 대표하는 칼로 '칼들의 왕'이라고 불린다. 한눈에 보기에도 대단한 포스가 느껴지는 무시무시한 칼이다.

이 외에도 이 전시관에는 다양한 것들이 전시되어 있는데 가위 제조 공정을 설명한 도표뿐만 아니라, 예전의 공장 모습과 현재 모습을 재현한 미니어처도 있다.

박물관장은 나에게 이것저것 가능한 한 많은 것을 알려 주고 싶어 했다. 그의 모습에서 다른 상업 박물관에서 느끼지 못한 장인정신을 느낄 수 있었다.

왕마자와 쌍벽을 이루는 가위 가게
장소천 張小泉

주　　소 前門大街大柵欄街 37
영업시간 10:00 ~ 22:00
전　　화 63037640

　중국에서 왕마자와 쌍벽을 이루는 곳이 바로 장소천張小泉이다. 장소천은 대책란 거리의 왕마자 가게 바로 앞에 있다. 마치 두 라이벌이 가위와 칼을 들고 서로 마주 보고 있는 형상이다. 특히 장소천 입구에 전시되어 있는 대형 가위는 보는 사람들로 하여금 장소천이 어떤 곳인지 바로 알려준다.

　장소천 내부시설은 왕마자보다 넓고 깨끗한 편이다. 장소천 점원에게 어떤 것이 가장 대표적이냐고 물어 보니 어느 것 하나 대표적이지 않은 것이 없다고 했다. 다만 모든 제품 하나하나가 수공으로 최고의 품질을 자랑한다고 덧붙였다.

　나는 비록 가위나 칼에 대해서 잘 모르지만, 직접 사용해 보니 장소천 가위가 정교하고 날렵한 맛이 있는 반면, 왕마자 가위는 묵직하면서도 예리한 맛이 있는 것 같았다.

　왕마자와 장소천은 각각 북경과 상해를 대표한다. 왕마자가 소박하다면 장소천은 화려하다. 이 둘은 마치 김용의 소설《영웅문》에 나오는 동사서독같이 중국의 가위와 칼을 대표하는 상점들이다.

1663년 장소천이라는 사람이 문을 연 장소천은 중국 역사상 첫 번째 가위 가게라고 할 수 있다.

500년 된 장아찌 가게
육필거 六必居

✤ 1530~

북경 사람들의 평범한 식탁엔 무엇이 올라갈까? 육필거는 중국 사람들이 즐겨 먹는 장아찌를 500년 가까이 만들어 판매하고 있는 곳이다. 국가의 주요 행사 만찬 때에도 육필거 장아찌가 식탁에 올라간다.

주　　소 西城區北礼士路 8號
영업시간 08:30 ~ 19:00
전　　화 68363804

  대책란 왼쪽 거리를 걷다 보면 다소 허름한 가게 하나를 발견하게 되는데, 이곳이 바로 명·청 시기부터 유명했던 장아찌 가게 '육필거六必居'다. 육필거는 1530년도에 처음 문을 열었으니 거의 500년 가까이 된 셈. 지금 건물은 1994년도에 리모델링한 것이다.

 북경, 아니 중국에서 가장 오래된 노자호 중의 하나라고 할 수 있는 육필거에 관해서는 재미있는 이야기들이 많다. 먼저 육필거라는 가게 이름의 유래에 대해서도 여러 이야기들이 있다. 그 중 가장 믿을 만한 이야기로는 1530년에 산서 지방 출신의 조존인, 조존의, 조존례 삼형제가 전문 근처에 주점을 열고 술을 담가 팔았다고 한다. 이들은 술을 담글 때에는 반드시 여섯 가지 원칙을 지켰다고 한다. 즉 양질의 재료를 갖추고, 정확한 배합에 따르며, 청결을 유지하고, 양질의 그릇들을 사용하고, 불의 세기와 시간은 적절하게 하고, 깨끗한 물만을 쓴다는

육필거 앞에는 늘 손님들이 북적댄다. 일본 다나까 전 수상이 주은래 전 총리에게 육필거가 잘 있느냐고 물어볼 정도로 유명하다.

것이다. 육필거라는 것이 바로 이 여섯 가지 원칙을 지킨다는 것을 의미한다는 것이다.

또 다른 이야기로는 이 조씨 삼형제가 술 이외에도 장작, 쌀, 기름, 소금, 간장, 식초 등 여섯 가지 필수용품을 팔았다는 데에서 육필거의 이름이 유래했다는 말이 있다. 또 한 이야기는 육필거가 조씨 삼형제가 아닌 여섯 명의 과부가 동업하여 세운 주점인데, 언제나 항상 의지하면서 다툼 없이 함께 살았다는 데에서 유래했다는 것이다.

어느 이야기가 맞는지에 대해서는 아직도 의견이 분분하지만 육필거가 500년 가까이 되었다는 사실과, 처음에는 주점이었다가 나중에

는 술보다는 오히려 이들이 만든 간장과 장아찌가 더욱 유명해졌다는 사실에는 이견이 없다.

  육필거의 현판은 엄숭이라는 사람이 썼다고 한다. 엄숭1480~1567은 명대의 유명한 정치가이자 문필가였지만, 전형적인 간신인 데다 뇌물을 거둬들이고 아들의 불법행위를 방치함으로써 말년에는 평민으로 좌천되어 쓸쓸하게 생을 마감한 사람이다. 당대의 권력자였던 엄숭이 어떻게 육필거의 현판을 쓰게 되었는지에 대해서도 여러 이야기들이 있다. 그중 하나는 정계에 진출하기 전 엄숭이 주점 육필거에서 자주 술을 마셨는데 엄숭의 재능을 알아본 여섯 명의 과부들이 엄숭에게

육필거에서 판매되는 다양한 장아찌들. 원하는 만큼 덜어서 구입할 수 있다.

자신들의 가게 이름을 써달라고 부탁했다는 것이다. 이때 여섯 명의 과부들이 동업을 했기 때문에 처음에는 '육심거六心居'라고 썼는데 쓰고 보니 '여섯 명의 마음六心'이 반드시 '같은 마음同心'일 수 없을 것 같아, '심心'자에 필획을 하나 더해서 '육필거六必居'로 썼다는 것이다.

또한 엄숭이 관리가 된 이후 현판을 썼다는 이야기도 있다. 이 이야기 역시 제법 그럴듯하고 재미있다. 관리가 된 엄숭은 하인을 시켜 자주 육필거의 술을 사오게 했다. 하루는 육필거 지배인이 하인에게 엄숭에게 육필거 현판을 써 달라고 부탁했다. 이미 친한 사이였던 터라 하인은 차마 거절하지 못하고 승낙했는데, 막상 그 하인이 엄숭에게 현판 이야기를 하려고 하니 차마 입이 떨어지지 않았다. 고민 끝에 하인은 친한 여자 하인을 찾아가 의논하고, 이 여자 하인은 엄숭의 부인을 찾아가 다시 하소연을 한다. 이때 엄숭의 부인은 한 가지 꾀를 낸다. 즉 엄숭 앞에서 '육필거六必居'라는 세 글자를 반복해서 쓰되 일부러 엉망으로 쓰면 엄숭이 가만 있지 않고 직접 써 줄 것이라는 것이었다. 역시 예상이 맞았다. 부인이 쓴 글씨를 못마땅하게 생각하던 엄숭은 결국 친히 시범을 보인답시고 '육필거'라는 글씨를 썼고, 그 글씨가 육필거 현판이 되었다는 것이다. 재미있는 것은 엄숭이 연습 삼아 썼기 때문에 육필거 현판에는 엄숭의 낙관이 없다고 한다.

이렇듯 어렵게 얻은 엄숭의 육필거 현판은 의화단 사건, 문화대혁명의 위기를 아슬아슬하게 넘겨 오늘날까지도 무사히 보존되고 있다. 1979년 중일 수교 때 일본의 다나까 수상은 주은래 총리에게 "육필거가 잘 있느냐."고 물어봤는데 이 일은 아직까지도 육필거뿐만 아니라 중국 사람들에게 회자되고 있는 유명한 일화이다.

육필거 본점은 그 명성에 비해 다소 작은 편이다. 문을 열고 들어가면 여러 종류의 장아찌 통을 볼 수 있는데 나는 세상에 태어나서 이렇게 다양하고 많은 장아찌들을 본 것은 처음이었다.

이곳에서는 장아찌를 통에서 직접 덜어 팔기도 하고, 소량으로 포장된 것을 판매하기도 한다. 사람들은 주로 장아찌 통에서 직접 골라 구입하는 편이다. 육필거에서 장아찌를 살 때는 반 근씩만 사도 양이 다소 많은 편이므로 점원에게 잘 이야기해 종류별로 조금씩만 사는

포장 판매되고 있는 장아찌들. 포장된 것보다 통에 있는 것이 더 맛있다.

것이 좋다.

육필거에서는 장아찌뿐만 아니라 각종 간장과 양념도 팔고 있다. 원래 육필거는 장아찌 이전에 간장으로 더 유명했던 곳이어서 간장도 꽤 유명하다. 어쨌든 나는 수많은 장아찌 중에서 그래도 우리에게 친숙한 마늘장아찌, 무·고추절임 장아찌, 첨장팔보과를 장아찌 통에서 직접 구입하고, 포장 판매하는 것도 맛이 궁금해서 몇 가지를 샀다.

육필거의 마늘장아찌는 우리의 마늘장아찌와 흡사했다. 겉으로 보기에는 마늘의 본래 색이 보일 정도로 맛이 약한 간장절임 같았는데 의외로 굉장히 강한 향이 났다. 그러나 마늘의 매운맛은 거의 빠져 맛이 깔끔했다.

무·고추절임 장아찌는 무를 작게 썰어 간장에 절여 고춧가루를 가미해 색과 매운맛을 더했다. 짜고 매워 싱겁거나 느끼한 음식을 먹을 때 같이 먹으면 좋을 것 같았다.

　그 이름도 거창한 첨장팔보과甜醬八寶瓜는 장아찌 안에 땅콩, 호두 등 여러 견과류를 가득 넣어 만든 것이다. 먹기 편하게 오이 모양의 장아찌 위쪽을 잘라 뚜껑같이 만들었는데 먹는 재미도 쏠쏠하다. 이 장아찌는 약간의 짠맛과 단맛이 조화를 이루고 있는데, 맛도 맛이지만 다양한 견과류 덕분에 영양도 풍부해 그냥 먹어도 좋겠다는 생각이 들었다. 물론 짠맛이 문제이긴 하지만.

　내가 구매한 포장 장아찌는 팔보채八寶菜, 땅콩 장아찌, 고장감로高醬甘露 등이었는데 팔보채는 단맛이 전혀 없는 간장 장아찌로 첫맛은 다소 짠 맛이 강했지만 계속 먹다 보니 감칠맛이 났다. 땅콩 장아찌는 우리 입맛에도 그다지 부담스럽지 않은 맛이었는데, 짠맛도 그리 강하지 않고 끝맛이 고소했다. 고장감로는 시각적으로도 그다지 당기지 않았는데 역시 입에 들어갔을 때 시큼한 맛에 깜짝 놀랐다. 그러나 몇 번 먹다 보니 은근히 그 시큼함이 주는 맛이 있었다.

　맛을 보기 위해 통 속 장아찌와 포장 장아찌를 각각 구입해 봤는데, 확실히 포장 판매하는 것보다는 장아찌 통 속에 넣고 파는 장아찌들이 더 맛있었다. 따라서 진정한 육필거 장아찌 맛을 보고 싶다면 조금은 번거롭더라도 장아찌 통 속의 것을 직접 구입해서 먹는 것이 좋다.

▶육필거는 간장도 유명하다. 육필거에서 판매되고 있는 각종 간장과 된장 들.

100년 이상 장아찌와 간장을 판매하는
천원장원 天源醬園

주　　소 前门鲜鱼口胡同80号
영업시간 09:00 ~ 19:00
전　　화 63444922

육필거는 북경에서 가장 유명한 간장과 장아찌 전문점이다. 그러나 북경에 육필거만 있는 것은 아니다. 육필거만큼 유명하지는 않지만 역시 100년 이상 장아찌와 간장을 팔아온 전문점이 있으니 바로 '천원장원天源醬園'이다. 류담헌이라는 사람이 청나라 황실 어선방의 주방장을 초빙해서 1869년에 문을 열었으므로 이 천원장원 역시 노자호이다. 천원장원은 전문 선어구 골목 안에 있다.

천원장원은 1869년 문을 연 오래된 가게이다.

왼쪽부터 차례대로 첨장화생미, 첨장삼성보, 다시마채, 첨장화생마늘. 첨장화생미는 간이 잘 배어 있어 처음에는 양념 맛에 끌리지만, 맛을 보다 보면 끝맛인 땅콩의 고소함에 빠지게 된다.

육필거는 매우 유명해서 그런지 종업원들이 그다지 친절하지 않은 반면, 천원장원의 아주머니들은 상당히 친절했다.

천원장원에서 육필거와는 다른 세 가지 종류의 장아찌를 맛보았다. 먼저 '첨장화생미甜醬花生米'. 중국 식당이라면 흔히 볼 수 있는 땅콩간장조림이다. 간장 맛이 강하지 않고 단맛도 첨가되어 있어 처음 맛보는 사람일지라도 낯설지 않게 반찬으로 먹을 수 있을 듯했다.

'첨장삼성보甜醬三星寶'는 땅콩, 호박씨, 호두가 간장 설탕 그리고 입안을 화하게 해주는 묘한 향과 함께 교묘하게 어우러진 견과류 장아찌다. 몸에 좋은 견과류 장아찌는 단맛이 강해 아이들의 영양반찬으로도 손색이 없을 듯했다.

'다시마채海帶絲'는 겉보기엔 우리의 파래무침과 비슷해 보이는데, 실제로는 다시마를 잘게 채 썰어 간장에 절인 것이다. 달지도 짜지도 않은 것이 입맛에 딱 맞았다. 다시마 향이 입안 가득 그윽하게 퍼지는 맛이 참 좋았다. 비록 천원장원이 육필거보다 유명하지는 않지만 천원장원의 장아찌 역시 상당히 맛있었다. 혹시 북경 장아찌에 관심이 있는 사람이라면 육필거 외에 천원장원도 꼭 가 보길 권한다.

미식가 서태후도 극찬한 만두 가게
구부리 狗不理

❖ 1885~

서태후가 맛을 보고 "이것을 먹으면 장수할 것 같다."라며 극찬을 아끼지 않았다는 구부리 만두. 구부리 만두 가게는 중국의 수많은 만두 가게 중에서 130여 년 동안 중국 만두의 대명사가 되었다.

주　　소 宣武區大柵欄街 31號
영업시간 08:30 ~ 22:00
전　　화 63533338

狗不理

대책란 거리를 따라 지나가다 보면 재미있는 석상을 만나게 된다. 대신처럼 보이는 사람이 늙은 노파에게 굽실거리며 만두를 바치는 모습인데, 이곳이 바로 그 유명한 '구부리狗不理' 만두 가게이다. 석상 앞에 놓인 안내문에는 바로 이 장면을 설명한 글귀가 있는데, 구부리 만두를 먹었던 당시 직예 지방 총독이었던 원세개가 그 맛에 너무 감탄한 나머지 당장에 그 만두를 서태후에게 바쳤다고 한다. 구부리 만두를 먹은 서태후는 이것을 먹으면 장수할 것 같다며 극찬을 했는데, 이후 구부리 만두는 중국 천하에 그 명성을 떨치게 되었다.

구부리 만두는 원래 1885년에 천진에서 시작했다. 천진 사람들은 "천진에 와서 구부리 만두를 먹지 않으면 천진에 오지 않은 것과 같다."라고 말할 정도다. 이처럼 구부리는 천진의 노자호지만 중국에서 제일 유명한 만두 가게이며, 북경에서도 쉽게 접할 수 있다.

가게 입구에는 구부리 만두를 서태후에게 바치고 있는 원세개 모형이 세워져 있다.

구부리라는 가게 이름은 바로 이 가게를 만든 구자와 관련이 깊다. 어려서부터 총명하고 손재주가 있었던 구자는 몇 년간의 경험을 바탕으로 만두 속에 물이 함유되어 있고 반 발효된 피로 만든 자신만의 만두를 개발했다.

구자가 만든 만두는 금세 사람들 사이에 소문이 나 여기저기에서 손

1_ 이른 저녁 시간인데도 식당 안은 손님들로 가득 차 있다.

2_ 구부리 만두를 방문한 유명 인사들의 사진.

님들이 몰려들기 시작했다. 구자는 만두를 빚기에도 벅차 사람들과 상대할 시간조차 없었는데 이를 두고 사람들은 "구자는 만두만 팔고 사람들을 상대하지 않는다."라고 쑥덕거리기 시작했다. 머지않아 사람들은 구자를 구부리라고 불렀고 어느새 가게 이름도 구부리가 됐다.

가게로 들어가 보니 밖에서 본 것보다 내부가 넓고 의외로 고급스러운 느낌이 들었다. 아마도 만두 가게는 분식점이라는 고정 관념을 갖고 있었기 때문인 것 같다. 이른 저녁 시간임에도 불구하고 이미 많은 사람들이 구부리 만두를 먹고 있었는데, 가게 내부에는 전취덕처럼 부엌이 공개되어 있었다. 입구에서는 포장된 구부리 만두를 판매하고 있었다.

메뉴에는 만두 8개와 장아찌, 죽으로 구성된 A세트와 만두 6개와 장아찌, 죽으로 구성된 B세트가 있었다. 구부리의 보다 다양한 만두를

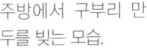
주방에서 구부리 만두를 빚는 모습.

맛보기 위하여 우리는 A코스를 주문하였다.

대나무 통에 쪄서 나온 A세트의 구부리 만두는 종류만큼이나 맛도 다양했다. 처음 돼지고기만 들어간 만두를 먹었는데 느끼함이 전혀 없이 그 맛이 일품이었다. 두 번째 만두는 돼지고기와 새우가 잘 어우러져 담백한 맛을 냈고, 세 번째 만두는 야채와 옥수수, 당면 등의 씹히는 느낌이 좋았다. 그러나 맛은 다소 평범했다.

네 번째 만두는 돼지고기와 부추를 넣은 것인데 꼬들꼬들한 느낌이 들었다. 돼지고기 자체에 양념이 되어 있어서 그런지 들어간 소에 비해 맛은 진했다. 다섯 번째 만두는 새우와 파, 오징어 등이 들어간 것이었는데 다른 만두와는 달리 맛이 다소 짠 편이어서 소스에 찍어 먹을 필요가 없었고 씹을 때 새우 맛이 그대로 느껴졌다.

여섯 번째 만두는 돼지고기와 파, 당근의 조합인데 돼지고기의 맛이 너무나 담백해 고기만두의 느끼함이 전혀 없었다. 일곱 번째 만두에는 돼지고기와 파, 다양한 흰색 야채들이 들어 있었는데 돼지고기가 입안에서 녹는 듯했고 특히 야채 씹히는 맛이 좋았다. 여덟 번째 만두는 표고버섯 청경채 만두로 이름 그대로 청경채와 버섯이 듬뿍 들어 있어 맛이 깔끔했다.

그 외 수수죽은 동그랗고 작은 수수들이 부드럽게 씹히면서 구수했다. 다양한 종류의 만두를 먹고 난 후 약간 느끼했던 것을 죽으로 깔끔하게 정리하는 듯했다.

장아찌咸菜는 땅콩과 샐러리, 당근을 넣어 만들었는데 약간 짜면서

구부리 만두 세트. 대나무 통에 쪄서 나온 구부리 만두는 저마다 다양한 맛을 낸다.

1_ 구부리 만두 왕부 정 점.

2_ 패스트푸드점 스타일의 왕부정 점의 구부리 만두.

중국음식의 독특한 향이 났다. 맛도 약간 짜고 단맛이 강했다.

구부리 만두점은 대책란뿐만 아니라 왕부정에서도 맛볼 수 있다. 왕부정의 구부리 가게는 전취덕의 바로 맞은편에 있어 찾기가 그리 힘들지 않다.

왕부정의 구부리 가게는 대책란 가게와는 달리 패스트푸드점처럼 1층 카운터에서 주문하고 계산을 하면, 영수증을 본 복무원서비스 직원이 주문한 음식을 자리에 갖다 준다. 식당 분위기는 대책란 점에 비해 다소 가볍게 느껴졌는데, 1층에 비해 2층은 비교적 조용하고 안정된 분위기였다.

그런데 종업원이 가져다 준 만두를 보고 약간 실망했다. 일단 만두가 담겨 있는 만두통이 대책란 가게에서 봤던 전통적인 대나무 통이 아니라 우리나라 만두 가게에서 흔히 볼 수 있는 스테인리스 통이었다. 그래서일까? 왠지 맛도 대책란 점보다 못하다는 느낌이 들었다.

왕부정의 구부리 가게 역시 대책란 점과 마찬가지로 만두를 빚는 주방이 공개되어 있으며, 가게 앞에도 구부리 만두의 역사를 설명한 커다란 동판이 서 있었다. 또 오른쪽에는 구부리 만두를 들고 인사를 하는 청동상이 세워져 있는데, 이 또한 관광객뿐만 아니라 중국인들에게도 인기가 많다.

왕부정 점도 괜찮지만, 개인적으로는 대책란 거리에 있는 구부리 만두 가게에 가는 것을 추천한다. 물론 시간이 허락한다면 천진 구부리 본점에 가는 것이 최상의 선택이 되겠지만 말이다.

화려한 비단의 향연
서부상 瑞蚨祥

✤ 1862~

특화된 제작 기술을 갖고 중국 최고의 품질을 자랑하는 중국 대표 비단 가게 서부상. 모택동이 서부상을 가리켜 "만 년 동안 보존되어야만 한다."라고 말할 만큼 서부상의 비단은 중국 비단의 대명사다.

주 소 西城區前門外大柵欄街 5號
영업시간 09:30 ~ 20:00
전 화 64041702

'세월과 인내가 뽕잎을 비단옷으로 만든다' 라는 중국 속담이 있을 정도로 옛날에는 비단을 만드는 일이 상당히 어려운 일이었다. 로마 제국의 유스티니아누스 황제의 총애를 얻기 위하여 기독교 수사들이 중국에서 몰래 누에를 빼내 비단 제조의 비밀을 밝힌 사건이 있을 만큼 비단은 로마인들의 마음을 사로잡았었다. 실크로드라는 것도 결국 중국 비단을 서역으로 팔기 위해 만들어진 길이었다.

북경에도 100년 이상 비단을 팔아온 가게가 있으니 그곳이 바로 '서부상瑞蚨祥'과 '겸상익謙祥益'이다. 서부상은 원래 1862년 산동성 장구현에서 맹씨 일족이 열었다고 한다. 이후 1893년 일족 중 한 사람인 맹낙천이 북경에 올라와 서부상 간판을 내걸었는데, 이는 옛날 북경의 팔대상八代祥 중에서 으뜸으로 꼽혔다. 팔대상은 상祥자를 가게 이름에 포함한 8곳의 비단 상점으로 서부상瑞蚨祥을 비롯해 겸상익謙祥益, 상익호祥

서부상이 1862년에 세워졌다고 입구에 명시하고 있는 현판.

益號, 서생상瑞生祥, 서증상瑞增祥, 서림상瑞林祥, 익화상益和祥, 광성상廣盛祥 등을 말한다. 일부 책이나 자료에서는 서부상이 1893년에 설립되었다고 소개하고 있지만, 서부상의 공식 입장은 1862년에 세웠다는 것이다.

서부상이라는 이름은 《수신기》의 제13권에 나오는 '청부환전'에서 유래한다. 《수신기》에서는 전한시대에 유안이 편찬한 일종의 백과사전 격인 《회남자》의 일부 내용을 재인용하고 있는데 그 내용은 다음과 같다.

'남방의 어떤 벌레는 돈우, 즉촉 또는 청부라고 부른다. 이 벌레 모습은 매미와 비슷하지만 좀 더 크고 톡 쏘는 맛이 좋아서 식용으로 사용된다. 알은 반드시 풀잎에 낳으며, 유충의 크기는 누에만 하다. 만약 유충에 손을 대면 성충은 멀리 있든 가까이 있든 즉시 날아온다. 설령 유충을 몰래 다른 곳으로 옮겨놓아도 성충은 반드시 그 장소를 알고 찾아온다. 어미의 피를 81개의 동전에 바르고, 유충의 피도 역시 81개의 동전에 발라서 시장에 나가 어떤 때는 어미의 피를 바른 돈을 먼저 사용하고, 어떤 때는 유충의 피를 바른 돈을 사용하여 물건 값을 지불

晋代《搜神记》卷十三记载，'青蚨「生子必依草叶……取其子，母必飞回，不以远近……以母血涂钱八十一文，以子血涂钱八十一文，每市物或先用母钱或先用子钱，皆复飞归，轮转无已」。这里说的是钱用完了又能飞回的故事。因此当年老板取店名瑞蚨祥就是借「祥瑞」的吉祥之寓意。现在瑞蚨祥就是以一对母子蚨图案申报注册为自己的商标，可见瑞蚨祥人对传统商业文化的高度肯定。

서부상 이름의 유래에 관하여 설명한 비문. 맹자의 68대 후손인 맹낙천이 가게 이름 하나 짓는데 얼마나 고심했는지 알 수 있다.

해도 그 돈은 곧 다시 돌아온다. 이러한 반복이 수레바퀴가 구르듯 끝이 없다. 그래서 《회남자》에서는 이런 방법으로 돈을 회수한다 하여 '청부'라 부른다.'

결국 '청부'라는 이 전설상의 곤충은 사람에게 상서로움을 가져다주면서 또 투자한 돈이 끊임없이 회귀함을 의미한다고 한다. 맹낙천은 맹자의 후손답게 서부상이라는 가게를 지을 때 고민을 하다가 이 《수신기》에 나오는 청부靑蚨를 인용하여 이름을 지었다. 서부상瑞蚨祥의 부蚨가 바로 《수신기》의 청부靑蚨 고사를 인용한 것이라고 한다. 그리고 서부상瑞蚨祥에서 '부蚨'자를 빼면 '서상瑞祥'으로 이를 거꾸로 하면 '상서祥瑞'로서 '길조吉兆'를 의미한다. 즉 맹낙천이 중국 문화에 대한 이해가 없었더라면 이렇게 가게 이름을 짓기 힘들었을 것이다.

서부상은 모든 제품에 대하여 엄격한 관리를 하는 것으로 유명하다. 처음 북경에 서부상을 열었을 때부터 맹낙천은 재료를 구입한 것은 물론이고 견직물 제작, 무늬 도안에 이르기까지 모두 본인이 감독 관리했다고 한다. 그 대신 다른 가게에 비해 직원들에게 그만큼 월급을 더 주고 철저하게 관리했다고 한다.

서부상이 100년 동안 지켜온 경영원칙은 '최고의 지성으로 대하고, 품질도 믿을 만하고, 가격도 공정하며, 노인과 어린이조차 속이지 않는다'는 것이다. 100년이 넘도록 이런 원칙을 지킨 서부상은 지금까지도 광고를 낸 적이 한 번도 없다고 한다. 품질에 어지간한 자신감이 없으면 감히 엄두도 낼 수 없는 경영 방식이라고 할 수 있다.

서부상 건물은 대책란 거리를 걷다 금세 발견할 수 있다. 건물 자체의 웅장함은 말할 것도 없고, 현판 위의 학 조각뿐만 아니라 양문 옆의 조각 역시 예술작품이라고 할 정도로 화려하고 정교한데 이것은 2006년도에 전국 중점 문화유산으로 지정되기도 했다.

녹색 철문을 열고 들어가면 먼저 서부상을 소개하는 작은 박물관이 눈에 띈다. 오른쪽에는 비단을 만드는 '양잠-방적-직주-염색' 과정을 구현한 청동상들이 있다.

박물관 왼쪽에는 1949년 천안문 광장의 최초의 오성홍기와 이에 관한 신문기사가 전시되어 있다. 지금은 일반적이지만 당시만 하더라도 중국에서는 노란색 비단을 구하기가 매우 어려웠다고 한다. 이때 송수신이라는 사람은 오성홍기 제작에 필요한 비단을 찾으라는 임무를 부여받는데, 북경시를 내내 돌아다녔음에도 불구하고 노란색 비단을 구하지 못했다. 발만 동동 구르던 그는 어렵사리 서부상에서 노란색 비단을 찾아 오성홍기를 제작했는데 그것이 바로 이 박물관에 전시되어 있는 오성홍기다.

서부상 가게로 들어가면 화려한 비단의 향연을 즐길 수 있다. 1층에서는 주로 비단과 공단견직물, 모직물, 면직물을 판매하고 2층에서는 전통 치파오중국 여성들이 입는 옆이 터진 원피스 같은 옷 등을 제작하여 판매하고 있다. 또 서부상의 역사와 중국 비단에 관해 소개하는 코너도 있다.

서부상은 초기에는 일반 대중이 아닌 고위 관직이나 부자들을 대상으로 하였으나 이후 일반 대중들에게도 판매하였다고 한다. 특히 중

1901년 재건된 서부상 본점 입구.

비단을 만드는 양잠-방적-염색-직주 과정을 재현한 동상.

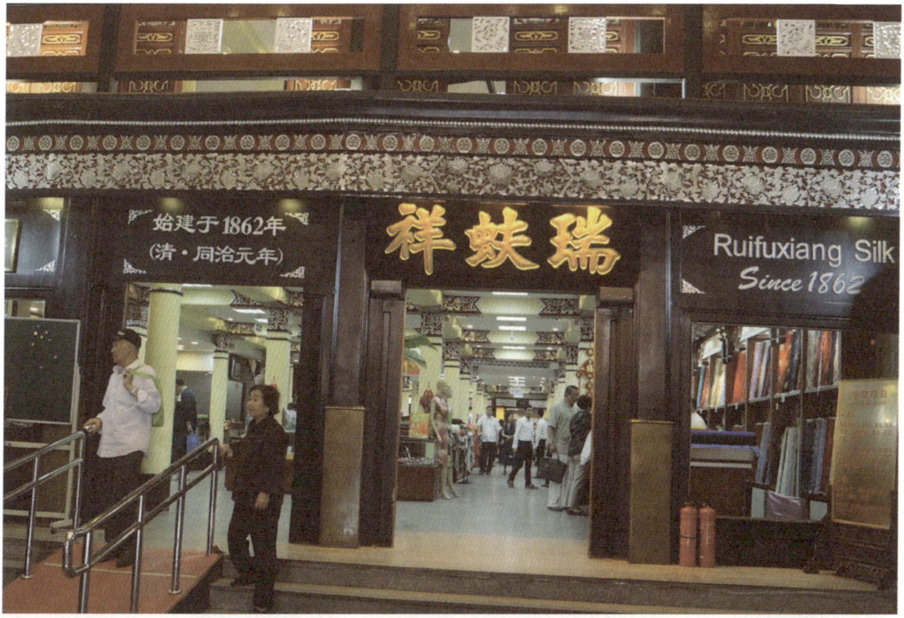
始建于1862年
(清 · 同治元年)
瑞蚨祥
Ruifuxiang Silk
Since 1862

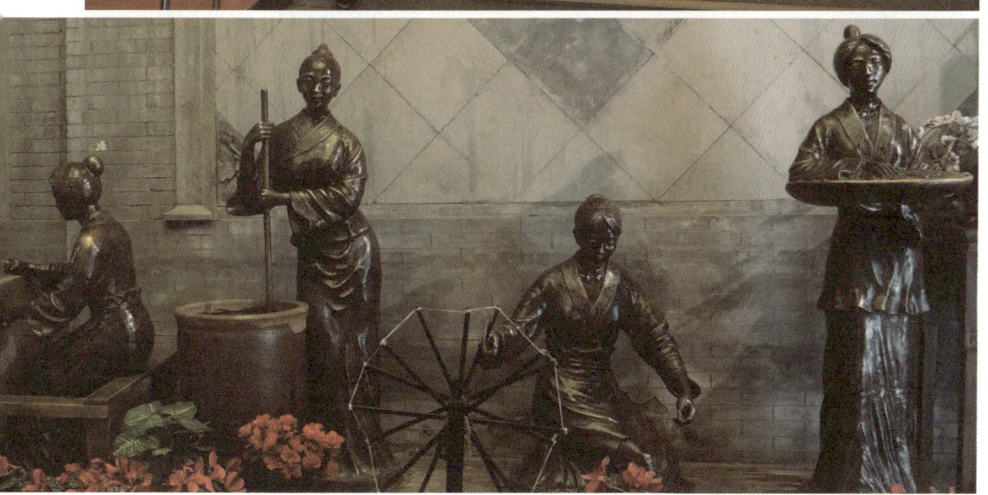

중국 최초의 오성홍기에 비단을 제공했다는 신문 기사와 그 때 제작된 오성홍기.

가게 한쪽에는 의화단 사건 때 타버린 서부상과 이후 재기하여 더욱 성공하게 된 서부상의 이야기를 그림으로 설명해 놓고 있다.

국 전통 복장인 치파오는 심플하면서도 상당히 화려하고 멋있어 비단에 문외한인 사람도 그 멋에 사로잡힐 듯했다.

  품질로서는 중국 최고라고 자부하는 서부상 역시 한 차례 커다란 위기를 겪었다. 1900년, 의화단과 8개국 연합군과의 전쟁 여파로 서부상에 큰불이 나 그만 상점이 모두 타고 말았는데, 당시 주인이던 맹근후는 파격적인 선언을 하고 나섰다. 즉 "서부상은 빚진 거래처에게는 경비를 일률적으로 반환할 것이며, 서부상에게 빚진 거래처 비용은 모두 받지 않겠다."라는 것이었다. 이러한 맹근후의 선언은 당시 사회에 큰 파장을 일으켰고, 사람들로 하여금 서부상을 더욱 신뢰하는 계기를 만듦으로써 더 큰 성장의 발판이 됐다.

  자기가 운영하던 상점이 하루아침에 불타버렸으면 보통 사람 같으면 상심이 커서 밥도 못 먹을 텐데, 맹근후는 오히려 전쟁의 여파로 똑같은 어려움을 겪고 있는 다른 사람들을 배려하는 전략으로 위기를

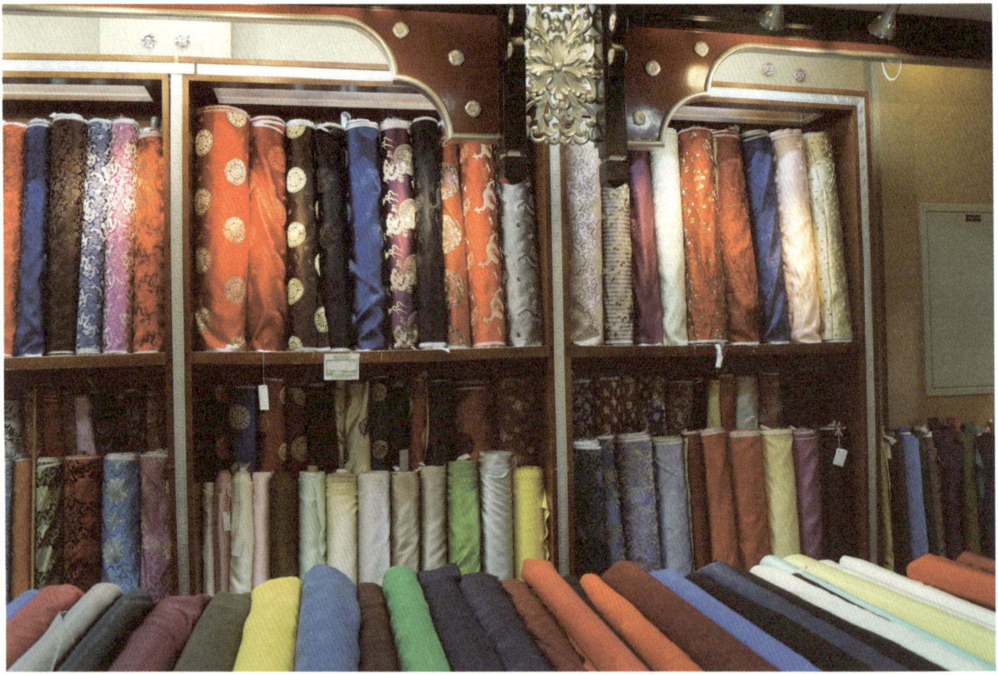

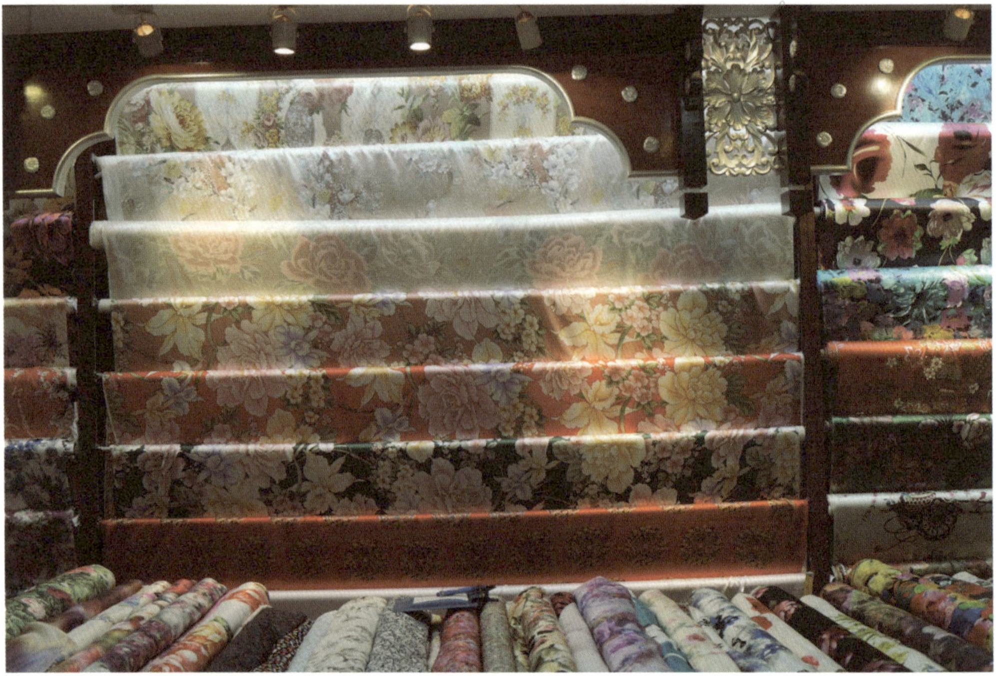

▶치파오등 전통 의복을 제작하는 2층.

타파했으니 과연 걸출한 인물이라고 할 수 있다.

비록 한 차례의 위기를 겪었지만 서부상 비단은 여전히 최고의 품질을 자랑했는데, 이는 전쟁 속에서도 그들만의 특화된 비단 제작 기술이라는 무형의 노하우를 보존할 수 있었기 때문이다. 이러한 서부상을 모택동은 "만년 동안 보존되어야만 한다."라고 말했는데, 이 말은 대책란의 본점뿐만 아니라 왕부정의 분점에도 커다랗게 새겨 있다.

서부상은 광고를 일절 하지 않는다고 말한다. 그러나 모택동의 말이나 최초의 오성홍기에 서부상이 비단을 제공했다는 사실은 적극 홍보하고 있는데, 중국인들에게 있어 이만큼 효과적인 광고도 없을 것이다.

서부상의 중국식 의복제작 기술은 2007년도에 북경시 비물질 문화유산으로 등재되었다. 중국에 국빈이 방문하면 서부상을 찾는데 미국 전 국무장관 올브라이트, 이스라엘·핀란드 영부인, 스리랑카의 외무부장관 등의 방문기록이 남아 있다.

◀1층에서 파는 서부상의 화려한 비단들.

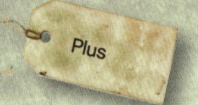 Plus

서부상과 쌍벽을 이룬 비단 가게
겸상익 慊祥益

주　소 崇文區前門大街珠寶市 5號
영업시간 8:30 ~ 18:00
전　화 63014732

과거에 잘 나가던 팔대상들은 전쟁의 여파를 피하지 못하고 하나 둘씩 쓰러져 나가고 서부상과 겸상익만 다시 재기했다. 겸상익 역시 맹자의 후예인 맹육계가 1830년에 문을 열었다고 하는데, 현재 전문 대로 오른쪽에 바로 위치하고 있다. 겸상익 맞은편에는 바로 오유태 찻집이 있다. 우리에게 친숙한 비단 장수는 왕서방이지만, 실제 북경을 대표하는 비단 장수는 맹 서방이었던 모양이다.

겸상익이라는 이름은 '교만하면 손해를 보고, 겸손하면 이익을 본다'라는 《상서尙書》의 문구에 근거한다. 겸상익은 역사도 서부상보다 더 오래되고 과거에는 서부상과 치열한 경쟁을 펼쳤다고 하지만, 현재로서는 서부상에 다소 밀린 듯한 느낌이 든다.

서부상에 비해서 약간은 평범한 입구에, 내부 또한 소박한 편이며 한산하다. 어쩌면 비단의 차이보다는 서부상이 모

경극 대가들이 단골로 삼았던 겸상익은 오랫동안 좋은 품질로 큰 신뢰를 얻고 있다.

전문 대로 입구에 바로 위치한 겸상익.

택동과 오성홍기를 제작했다는 사실을 적극적으로 홍보하면서 겸상익과 서부상의 격차가 더욱 벌어진 것은 아닐까 하는 생각이 들었다. 중국 비단을 좋아하는 사람이라면 서부상뿐만 아니라, 겸상익도 함께 들러 보는 것이 좋을 듯하다.

문방사우 전문점
영보재 榮寶齋

❖ 1672~

중국의 많은 지식인이라면 영보재의 붓과 벼루를 쓰지 않은 사람이 없다고 할 정도로 중국의 대표적인 문방사우점 영보재. 서예용품과 도자기 등을 판매하는 1층과 미술 전시회가 열리는 2층은 그 자체가 민간 박물관이다.

주　소 和平門琉璃廠西街 19號
영업시간 09:00 ~ 18:00
전　화 63035279

　　흔히들 서울의 전통 거리라고 하면 인사동을 떠올린다. 지금은 아스팔트도 깔리고 차도 다녀서 전통의 향취가 많이 사라졌지만, 90년대 초까지만 하더라도 인사동 길은 비포장도로의 흙길이었다. 특히 외국인들이 좋아해 종로 근처에서 학원을 다니던 나는 책거리를 할 때면 외국인 강사들과 함께 인사동을 가곤 했다. 현대화를 한답시고 인사동 흙길을 밀어버리고 아스팔트를 깔아버린 지금은 흙먼지와 함께 전통도 사라져 버린 듯해 아쉬움을 금할 길이 없다.

　서울의 인사동과 마찬가지로 북경 또한 전통 거리로 유명한 곳이 있다. 바로 '유리창琉璃廠'이다. 유리창이라고 불리게 된 이유는 원래 이곳에 유리 가마 공장이 있었기 때문이라고 한다. 원·명 시기를 거쳐 청대에 이르기까지 이 거리는 유리공장뿐만 아니라 고서적, 골동품, 문방사우 등을 파는 상점들이 즐비하게 늘어서 있어 독특한 문화 거

오늘날의 유리창의 모습과 1930년대 유리창의 모습을 담은 엽서(아래). 크게 변화되지 않은 것을 엽서를 통해 볼 수 있다.

북경상점

195

유리창 거리에는 '영보재 거리'라 부를 만큼 다양한 영보재 관련 가게들이 즐비하다. 왼쪽부터 영보재 목판인쇄점. 영보재 기념품점. 영보재 서점. 영보재 경매점.

리를 이루는데, 이 유리창 거리 중심에 바로 '영보재榮寶齋'가 있다.

영보재는 문방사우 전문점이다. '문방사우'란 문인들이 서재에서 쓰는 붓·먹·종이·벼루의 네 가지 도구로, 원래 '문방'은 '문인의 서재'를 의미한다. 이 영보재는 장張씨 성을 가진 절강 사람이 1672년에 세웠으므로 그 역사가 무려 340년이나 된다. 1672년이면 그 유명한 강희황제 재위 11년으로서 청대의 가장 황금시기라고 할 수 있다.

영보재는 처음에는 '송죽재'라고 불렸다. 하지만 청조의 쇠락과 함께 쇠락하게 되어 결국 도산에 이를 지경이 되었다. 그러나 당시 경영 책임자였던 장호신은 남아 있는 송죽재의 자산과 러시아 은행에서 빌린 돈으로 1894년 '문으로써 친구가 될 수 있으며, 영광스러운 이름은 보배가 된다'라는 뜻을 가진 영보재라는 새로운 이름을 내세워 계속해

서 상점을 운영했다.

　1896년에는 '영보재 첩투작'이라는 기구를 증설하여 목판 인쇄 사업을 시작했다. 두 번째 경영 책임자였던 왕인산은 그림 사업도 시작해 제백석 등 당시 유명 화가들의 많은 작품들을 전시하고 판매함으로써 사업 다각화를 꾀했다.

　영보재가 얼마나 크고 다양한 곳인지 유리창 거리를 걸어 보면 알 수 있다. 유리창 거리에는 문방사우를 파는 영보재를 비롯해 영보재 목판인쇄 공예방, 영보재 기념품점, 영보재 서점, 심지어 영보재 빌딩, 영보재 경매소 등 영보재 건물들이 즐비하게 늘어서 있다. 현판을 자세히 보면 영보재라는 글자 아래에 작게 목판인쇄, 기념품점, 서점, 빌딩, 경매라고 쓰여 있다. 이 건물들은 유리창 서가西街 19-1부터 차례

'민간 박물관'이라고 할 만큼 영보재에는 다양한 그림과 문방사우들이 전시돼 있다.

영보재에서 판매하는 다양한 문방사우들.

대로 자리하고 있어, 그야말로 영보재 거리를 이룬다.

영보재 본점 1층에 들어가 보니 다양한 문방사우와 도장 등이 판매되고 있었다. 2층은 다양한 화가들의 그림을 전시하고 판매하는 공간인데, 그림 가격이 15만元약 2700만 원에서 20만元약 3600만 원 정도로 상당히 고가인 작품들이 적지 않았다. 영보재 서점에서는 당대 유명 화가들의 작품을 모아놓은 전집도 판매하고 있었다.

중국 사람들은 영보재를 '민간고궁' 또는 '민간 박물관', '아시아 제1 갤러리'라고 부른다. 영보재를 방문해 다양한 문방사우와 그림들을 구경하고 나면 비로소 그렇게 불리는 이유를 알 수 있다. 박물관 못지않은 귀한 그림들과 문방사우들이 전시돼 있기 때문이다.

노북경식 만둣국 전문점
혼돈후 馄饨侯

❖ 1946~

비록 역사는 100년이 안 됐지만 중국 상무부가 인정한 북경 정통 혼돈집 혼돈후. 혼돈후의 혼돈은 글자가 비칠 정도의 얇은 피, 부드러운 속, 시원한 국물로 그 어디에서도 맛볼 수 없는 혼돈 맛을 자랑한다.

주　소 東城區鼓樓東大街309
영업시간 10:00 ~ 21:30
전　화 64042021

馄饨侯

중국에서 우리의 만둣국에 해당하는 것이 바로 '혼돈馄饨'이다. 혼돈은 일반적으로 북경 가정집에서 많이 즐겨먹는 일상식이다. 사천 지방에서는 '용초수'라고 부르고, 광동 지역에서는 '운탄'이라고 부른다. 6세기에 간행된 《제민요술齊民要術》에는 혼돈을 '혼둔渾屯'이라고 기록한 것이 나오는데, 이것만으로도 혼돈의 역사가 무려 1500여 년이나 되는 것을 알 수 있다.

내가 처음 혼돈 맛을 본 것은 1990년대 중반, 북경에서 어학연수를 할 때였다. 아주 추운 겨울 일요일, 혼자 있기가 무료해서 북해공원에 놀러갔다 몇 바퀴를 돌고 추위에 덜덜 떨다 공원에 있던 한 식당에 들어가 혼돈을 시켜 먹었는데 어찌나 맛있던지 그 맛에 그만 푹 빠지고 말았다. 그러나 이후 먹은 혼돈은 그 추운 겨울날 먹은 것만큼 맛있지는 않았다.

북경에는 혼돈을 전문적으로 파는 노자호가 있는데, 바로 '혼돈후馄

전문 대로에 있는 혼
돈후 전경.

혼돈은 북경 가정집에서 즐겨 먹는 일상식이다.

饨侯'이다. 혼돈후를 만든 사람은 후정걸이라는 사람인데, 기록에 따르면 1946년부터 혼돈을 만들어 팔기 시작했다고 한다. 원래는 후정걸 외에도 왕준효, 장자원 등도 혼돈을 팔았으나, 후정걸과 함께 동업하면서 후정걸을 대표로 뽑았다고 한다.

혼둔후의 역사는 비록 100년이 안 되지만, 혼돈후는 중국 상무부에서 발표한 '중화노자호' 명단에 포함되어 있으며, 또한 인민일보에서 출간한 《북경의 노자호北京的老字號》라는 책에도 역시 포함되어 있다. 이처럼 간혹 100년이 안 되더라도 노자호로 인정되는 경우가 있다.

혼돈후는 전문 대로에도 있으며, 고루 쪽에도 있다. 노란색 현판에 빨간색으로 큼직하게 '혼돈후'라고 쓰여 있는데 멀리에서도 아주 잘 보인다. 가게 안은 여느 노자호처럼 상당히 깨끗한 편이며 안내원이 메뉴가 쓰여 있는 종이를 갖다 주는데, 그곳에다 원하는 음식을 체크하면 된다. 단, 종이에 없는 음식 메뉴도 있으니 원하는 음식이 있다면 다른 메뉴판을 부탁하면 된다.

이곳의 혼돈 중 산탕혼돈酸汤馄饨은 처음에는 신맛이 느껴지지만 조금 먹다 보면 이 신맛이 깔끔하고 시원한 국물 맛에 묻혀 아주 맛있다. 하육혼돈虾肉馄饨은 탕 자체에 간이 들어가 있지 않은 듯 매우 맑고 담백한 맛을 내는데 새우로 가득 찬 만두 맛은 밀가루의 텁텁함이 조금 느껴진다. 그러나 탕은 우리나라의 만둣국과 달리 맑아서 담백한 편이다. 혼돈후의 탕이나 만두에는 간이 배어 있지 않은데 싱거움이 느껴진다면 테이블 오른쪽에 구비되어 있는 간장을 곁들이면 된다.

위 왼쪽부터 차례대로 산탕혼돈, 하육혼돈, 소함혼돈, 개인적으로 제일 좋아하는 금탕선패하인대혼돈.

소함혼돈素馅馄饨은 야채의 깔끔한 맛을 느낄 수 있는데, 다만 향채가 많이 들어가 있으므로 향채를 즐기지 않는다면 피하는 편이 좋다.

내가 이곳에서 가장 맛있게 먹은 것은 이름이 꽤 긴 금탕선패하인대혼돈金汤鲜贝虾仁大馄饨이다. 황금색 국물이라 금탕이라고 이름 붙였는데 보기와는 달리 상당히 담백한 맛을 내면서도 신선한 새우와 계란, 그리고 김이 어우러져 절묘한 맛을 냈다. 아마도 한국 사람의 입맛에도 가장 입맛에 맞지 않을까 싶다.

혼돈후의 이러한 독특한 맛의 결과는 역시 그들만의 독특한 만두

혼돈후의 어향육사와 소맥.

제조 과정에 있다.

'그 과정을 살펴보면 먼저, 반죽한 밀가루를 신문지 위에 펴 놓고 1미터 정도 긴 홍두깨를 이용하여 글자가 비칠 정도의 얇은 피를 만든다. 그 다음 돼지비계와 살코기 비율을 3:7로 맞추어 만두처럼 빚는다. 그리고 돼지사골을 꼬박 6시간 동안 고아 국물을 낸다《북경이식지도편집부北京美食地圖編輯部》중에서' 물론 이렇게 똑같이 하더라도 흉내낼 수 없는 그들만의 노하우는 따로 있을 것이다. 혼돈후는 북경에 여러 군데 분점이 있는데, 개인적으로는 고루 혼돈후와 전문 혼돈후 점이 맛이 더 좋았다.

혼돈만 먹기에 좀 심심한 느낌이 들어 어향육사魚香肉丝와 소맥燒麥도 시켰다. 어향육사는 한국 유학생들이 가장 좋아하는 음식 중의 하나로 대중적인 음식인데, 혼돈후의 어향육사는 그 맛이 약간 매우면서도 깔끔한 편이다. 이에 반해 소맥은 도일처 것에 비해 그 맛이 떨어지므로 그다지 추천하고 싶지는 않다. 역시 만둣국은 혼돈후가 제일이고, 소맥은 도일처가 제일이라는 생각이 든다.

Plus

북경 최대 번화가
왕부정王府井 대로

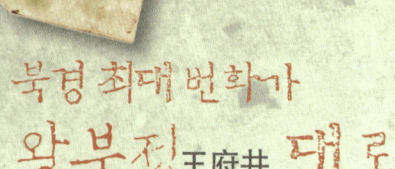

왕부정거리에 있는 우물 자리. 쇠로 된 덮개 위에는 왕가의 우물이었던 이 우물의 기원이 써 있다.

왕부정 대로는 우리나라 명동거리처럼 옛날부터 번화가이자 상업가로 유명한 곳이다. 성석복, 동래순, 북경사진관 등 오랜 전통을 자랑하는 노자호뿐만 아니라, 북경시백화점, 동방신천지, 롯데백화점 등 각종 백화점들이 즐비하고 왕부정서점, 외문서점, 상무인서관 등 대형 서점과 출판사도 있다.

왕부정 대로는 원대까지 그 기원을 거슬러 올라가는데, 원래는 10개의 왕가의 우물이 이 거리에 있어 '십왕부가, 왕부대로'라고 불렸다고 한다. 왕부정이라는 이름은 명대 중엽 이곳에 물맛 좋은 우물이 있기 때문이었다. 지금도 그 우물 흔적이 남아 있는데, 그냥 쇠기둥만 세워져 있어서 일부러 찾아갔다 당황했던 기억이 난다. 왕부정 대로를 쭉 올라가다 보면 발견할 수 있다.

왕부정 대로에서는 다양한 쇼핑뿐만 아니라 다양한 먹거리로 관광객이 늘 붐비는 곳이다. 바로 왕부정 소흘가가 이곳에 있기 때문이다.

왕부정 소흘가에서 판매되는 탕호루. 전갈, 매미, 불가사리 등. 이곳에서는 기상천외한 음식들을 맛볼 수 있다.

  왕부정 소흘가는 왕부정 대로를 들어가자마자, 성석복 맞은편에 있다. '소흘小吃'은 우리말로 간식거리에 해당되는데, 그야말로 기상천외한 음식들을 맛볼 수 있다.

  감히 먹을 엄두조차 나지 않는 전갈, 매미, 불가사리 튀김 같은 것을 비롯해 무협 드라마에서 항상 꼬마가 맛있게 먹곤 하는 탕호루도 맛볼 수 있다. 탕호루는 딸기, 산사자 같은 열매에 엿을 발라서 굳힌 것

기상천외한 음식들을 맛볼 수 있는 왕부정 소흘가 입구.

이다. 이것들을 먹다 목이 매여도 걱정할 필요는 없다. 시원한 매실 주스나 배즙 주스를 파는 곳이 많기 때문이다.

　왕부정 거리 한복판에는 '북경 왕부정 국제 브랜드 페스티벌' 간판이 걸려 있다. 애플, 삼성, 소니, 캐논, 니콘 등과 나란히 전취덕, 오유태, 동래순의 이름이 보였다. 이들은 일개 가게를 넘어 북경을 대표하는 브랜드가 된 셈이다.

중국 황실 요리를 맛볼 수 있는
방선반장 仿膳飯莊

❖ 1925~

청나라 황궁 어선방 주방장이 나와서 차린 궁중요리 전문점 방선반장. 화려한 실내, 청나라 복장을 한 종업원들의 안내를 받으며 궁중요리를 먹다 보면 마치 황제가 된 기분이 든다.

주　소 西城區京山西街 北海公園 東門內
영업시간 11:00 ~ 14:00
　　　　 17:00 ~ 20:00
전　화 64011879

仿膳

　　서극 감독, 장국영 주연의 영화 〈금옥만당〉을 본 적이 있는가? 이 영화는 아마도 장국영이 출연한 영화 중에서 가장 유쾌한 영화일 것이다. 〈금옥만당〉은 '만한전석滿漢全席'이라는 요리를 두고 대결을 펼치는 코미디 영화다.

　만한전석은 글자 그대로 만주족과 한족의 전통 요리를 모두 집대성한 것으로 이는 강희제가 만주족과 한족을 융화시키기 위한 정책의 일종이었다. 친구 간, 또는 동료 간에도 서로 갈등의 골이 깊어 있다가 맛있는 음식을 먹으면서 회포를 풀면 그간의 앙금이 쉽게 사라진다는 사실을 강희제는 알고 있었는가 보다.

　만한전석 때 차려진 요리는 중국 요리의 결정판이라 불린다. 3일 동안 하루 두 번씩 연회가 펼쳐지는데 한 번 연회 때 차려지는 요리 수가 무려 30가지. 결국 3일 동안 180여 개의 요리를 만들고 먹는 것이다.

　영화 〈금옥만당〉에서 보면 곰발바닥, 원숭이 골, 상어 지느러미, 낙

방선반장의 화려한 내부. 음식 가격이 꽤 비싼 편임에도 불구하고 식당은 예약 손님으로 가득 찼다.

방선에 가기 위해서는 북해공원에서 표를 사야 하는 번거로움이 있지만 공원 산책을 하면서 간다고 생각하면 편하다. 겨울이라 호수에서 사람들이 썰매를 타고 있다.

타 혹 등 희한한 재료들로 요리하는데, 이러한 다양하고 진귀한 재료들이야말로 만한전석의 가장 큰 특징이라고 할 수 있다. 하지만 오늘날에는 동물학대법으로 인해 이런 요리를 하지도, 맛볼 수도 없다.

만한전석뿐만 아니라 정통 궁중요리를 맛볼 수 있는 곳이 북경에 있다. 바로 '방선반장仿膳飯莊'이다. 방선반장의 모태는 '어선방御膳方'으로 어선방은 쉽게 말해 황실의 요리를 담당하는 부엌이었다고 보면 된다.

방선반장은 북해 공원 안에 있다. 따라서 방선반장에 가기 위해서는 반드시 표를 끊고 북해 공원 안으로 들어가야만 한다. 혹시나 하는 마음에 공원 입구에서 방선반장에 가니 그냥 들어갈 수 있냐고 물으니 표를 사야만 한단다. 할 수 없이 15元을 내고 표를 사서 들어갔다. 왠지 손해 보는 느낌이 들긴 했지만 얌체 입장객들 때문에 공원 입장에서도 어쩔 수 없는 조치로 보였다.

한겨울의 북해공원 호수는 썰매장으로 변신해 있었다. 여기저기에서 가족끼리, 혹은 연인끼리 신나게 썰매를 타고 있었다. 특히 자전거 스타일로 개조한 썰매가 눈에 띄었다.

방선반장은 북해공원 동문 쪽에 있다. 동문 맞은편 다리를 건너 바로 보이는 안내판을 보고 복도를 쭉 따라가면 방선이 나온다. 100m 정도의 짧지 않은 거리지만, 오른쪽으로 북해공원의 멋스러운 경치를 보며 복도를 걷다 보면 금방 방선반장에 도착하게 된다. 입구에는 방선반장의 역사를 간단하게 설명한 글이 쓰여 있다.

동문 다리를 건너 안내판을 따라 한참 복도를 따라가면 방선반장이 나온다.

　방선반장은 1925년에 북해공원이 개방된 이후 청나라 황궁 어선방의 주방장이었던 조인제, 손소연, 왕옥산 등이 열었는데, 방선반장은 궁중요리를 쉽게 접할 수 없었던 대중들에게 큰 환영을 받았다. 그러다 1966년부터 1977년까지 북해공원이 폐쇄되면서 방선반장 역시 문을 닫았다 1978년 북해공원이 재개방되자 방선반장도 재개장했다. 방선반장의 역사는 비록 100년이 되지는 않았지만 그 특수성을 높이 평가하여 방선반장의 요리법은 국가급 비 물질 문화유산으로 지정되었으며, 이 식당 역시 노자호로 지정되었다.

　흥미로운 것은 이 방선반장의 현판을 중국의 대문호 노사老舍가 썼다는 사실이다. 노사가 상점의 현판을 써준 것은 방선이 유일하다고 한다.

설레는 마음으로 방선에 들어가니 여종업원들의 복장부터 심상치 않았다. 청대 궁녀 복장을 하고 있어 정말 황궁에라도 들어온 기분이 들었다. 예약 여부를 확인한 후 정면에 위치한 큰 홀로 따라 들어갔다.

안으로 들어가니 황금색과 용 모양의 화려한 장식에 순간적으로 정신이 멍해졌다. 심지어 에어컨까지 용 모양으로 장식되어 있었다. 식당 중앙에는 황제나 앉을 법한 크고 고풍스러운 의자가 놓여 있는데 많은 사람들이 맘껏 기분을 내면서 기념촬영을 하고 있었다.

설마 식기까지 용은 아니겠지 싶었는데 다행히 식기는 깔끔한 일반 그릇이었다. 컵과 접시에는 모두 만수무강萬壽無疆이라고 써 있었다.

비싼 음식점으로 알려졌음에도 불구하고 식당 안에는 사람들이 많았다. 마침 옆 테이블에는 "생신 축하드립니다祝您生日快樂!"를 부르는 가족들이 할머니를 중심으로 둥근 테이블에 마주보고 앉아 케이크 촛불을 끄고 있었다. 외국 손님들, 가족 단위의 모임, 친구들과의 만남 등 테이블마다 사람들이 가득 찼다.

종업원은 백과사전만한 두께의 메뉴판을 갖다 줬다. 그 무게에 놀라면서 메뉴판을 펼쳤는데 가격에 또 놀라고 말았다. 그만 난감한 일이 발생했다. 만한전석 세트 요리 가격이 무려 1880元 약 33만 원부터 5880元 약 102만 5000원까지, 그야말로 입이 딱 벌어질 정도로 비쌌다. 놀라고 당황하며 다시 커다란 메뉴판을 뒤적거리다 궁정요리 세트를 발견하고 반가운 마음에 보았더니 그 가격은 228元 4만 원부터 388元 약 5

만9000원까지 비교적 저렴했다. 그런데 문제는 최소 3인 이상 주문해야 제대로 나오고, 3인 이하인 경우에는 메뉴가 줄어든다는 것이다.

나는 고민을 하다 그럴 바에는 먹고 싶었던 요리를 개별적으로 시키기로 하고 연미도화하燕尾桃花蝦, 비파대하琵琶大蝦, 육말소병肉末燒餠, 황가불도장皇家佛跳牆, 쏘가리요리松鼠桂鱼 등 주로 해물 요리를 주문했다.

연미도화하는 달랑 새우 두 개가 나왔다. 두 사람이 한 개씩 먹으면 맛을 제대로 음미할 수 있을까 걱정이 될 정도였다. 그러나 윤기가 좌르르 흐르는 달콤한 향의 연미도화하는 먹기 전부터 입안에 침이 고이게 했다. 새우 모양이 제비 꼬리와 같고 새우 색깔이 마치 복숭아꽃과 같다고 해서 붙여진 연미도화하. 맛은 튀긴 새우에 약간 매운 맛과 적당히 단맛을 가미한 소스를 흠뻑 발라 놓은 듯했다. 한입에 쏘옥 들어가는데, 어찌나 맛있던지 먹고 나서도 여운이 길게 남았다.

또 다른 새우 요리인 비파대하는 배를 두 쪽으로 가른 대하 위에 당근과 파프리카를 길게 잘라 모양을 내 튀겼는데 그 모양이 정말 비파를 연상케 했다. 가격에 비해 다소 빈약해 보이기는 하지만 튀김요리의 느끼함이 전혀 없고 대신 새우의 통통한 살맛을 그대로 느낄 수 있는 고급 새우튀김이었다.

다음으로 맛본 육말소병은 미니 모닝 빵 위에 고소한 깨가 듬뿍 뿌려져 있는 것이다. 빵 안에는 양념이 잘 밴 다진 고기가 가득 들어 있었는데, 고기 특유의 누린내가 전혀 없었다. 마치 미니 불고기 햄버거라고나 할까. 예전에는 빵과 고기가 따로 나왔었는데 요즘은 햄버거

방선반장의 입구와 노사의 낙관이 찍힌 현판. 종업원들은 청나라 궁녀 복장을 하고 있다.

처럼 같이 나온다고 했다.

하이라이트는 황가불도장. 불도장은 '스님이 담을 뛰어 넘는다'라는 뜻으로서 그만큼 맛있다는 의미를 갖고 있는데, 상어 지느러미 수프의 한 형태다. 불도장에는 죽순, 말린 해삼, 말린 전복, 말린 가리비, 상어 지느러미, 생선 부레, 말린 새우, 오징어 채, 닭 가슴살, 말린 표고버섯, 토란, 구기자, 소홍주사오싱주, 중국 사오싱 지방에서 나는 양조주, 굴 소스 등 많은 재료들이 들어간다. 영화 〈식신食神〉을 보면 식신을 가리는 최후의 대결에서 주성치와 상대방이 선택한 요리가 바로 불도장이었다. 일반 불도장은 맛도 일반적일 것 같아 기왕 방선에 어렵게 왔으므로 황가 불도장을 주문했던 터였다.

뚜껑을 열어 보니 녹말가루를 듬뿍 넣은 듯 소스가 매우 걸쭉해 보였다. 혹시 느끼하지 않을까 하는 걱정도 잠시. 맛은 의외로 약재향이 약간 느껴질 뿐 기름기 없이 걸쭉한 맛을 냈다. 비록 그릇은 작았지만 내용물이 많이 들어 있고, 그것들의 쫀득쫀득 씹히는 맛도 일품이었다. 겨울 특별 보양식이라는 말이 사실인 듯 먹고 나니 온몸이 따뜻해지면서 기운이 나는 듯한 느낌마저 들었는데 너무나 만족스러웠다. 330元약 6만6000원으로 다소 가격이 부담스러움에도 불구하고, 전혀 아깝다는 생각이 들지 않았다.

방선의 쏘가리 요리는 요리 시간만 무려 30분. 따라서 이것을 시키려면 미리 시간을 고려해야 한다. 방선의 대표적인 요리 중의 하나인 이 쏘가리 요리는 칼집을 낸 쏘가리 튀김 위에 완두콩과 사각 모양으로 썬 당근을 듬뿍 얹고 아래에는 단맛이 나는 붉은 소스를 깔았다. 칼집을 낸 부분을 떼어 소스에 찍어 먹어 보니 탕수육과 비슷한 맛이 났다. 생선 특유의 비린내가 전혀 없어 담백하여 우리 입맛에는 매우 잘 맞았다.

비록 방선에 와서 만한전석을 맛보지는 못했지만, 좋아하는 메뉴의 궁중 요리를 먹어 보니 역시 비싼 만큼 값을 한다는 생각이 절로 들었다.

▶위 왼쪽부터 여운이 길게 남는 새우 요리 연미도화하, 비파대하, 육말소병. 요리 시간만 30분이 걸리는 쏘가리 요리.

▶스님이 담을 뛰어 넘는다고 할 만큼 맛있다는 황가불도장.

이안 감독의 〈음식남녀飮食男女〉를 보면 중국 요리의 대가인 주사부가 친구에게 "음식과 남녀의 정은 인간의 가장의 큰 욕망이고 피하기 어려운 것."이라고 말하는 장면이 나오는데, 방선의 음식을 맛보면서 그 말을 실감할 수 있었다. 사실 이 말은 중국 고대의 《예기》에서 나오는 말인데, 예나 지금이나 맛있는 음식을 찾는 것은 어쩔 수 없는 인간의 본능인가 보다.

중국 영화의 탄생지
대관루 大觀樓

❖ 1902~

중국 최초의 극장, 중국 최초의 영화 제작사 대관루. 복합관으로 탈바꿈해 겉보기에는 우리나라 극장과 다를 게 없지만 중국 영화의 출발점인 대관루에는 중국 영화사를 한눈에 볼 수 있는 작은 박물관도 있다.

주　소 宣武區大柵栏街 36
영업시간 09:30 ~ 23:00
전　화 63083312

중국 영화의 기원은 지금으로부터 100여 년 전인 1905년 중국 최초의 영화인 〈정군산〉으로까지 거슬러 올라가는데, 이 영화가 상영된 곳이 바로 대책란 거리 끝자락에 위치한 '대관루 大觀樓'다. 즉 대관루는 중국 영화의 탄생지라고 할 수 있다. 1895년 12월 28일 프랑스의 뤼미에르Lumiere 형제에 의해 파리의 한 커피점에서 영화가 상영된 지 불과 10년 만에 중국에서도 영화가 만들어진 것이다.

이 대관루 바로 앞에는 중국 영화의 아버지라고 불리는 임경태의 동상이 있다. 임경태는 산동 사람으로 일본에서 사진 기술을 배워 1892년 북경에 '풍태사진관豊泰照相館'을 열었다.

대관루 자리는 원래 '대형헌차극원大亨軒茶劇園'이라는, 차를 팔면서 희곡을 보여주는 소극장이었다. 1902년 임경태가 이 찻집을 사들인 다음부터 대관루라 불렀다. 대관루에 대한 기록은 1902년 청나라 내각대신인 나동의 일기에도 나오는데 1905년 정식으로 '대관루영극원'

대관루 현판 옆에는 '차원(茶園)'과 '영극(影劇)'이라는 글자가 새겨져 있다. 가운데 현판에는 중국 영화의 탄생지라고 새겨져 있다.

대관루 앞에 세워져 있는 중국 영화의 아버지 임경태 동상.

으로 바꾸었다.

당시 대관루에서는 주로 외국 영화를 상영했는데 이때는 영화를 전깃불 희극 즉, '전광대극電光大劇'이라고 불렀다. 이후 '전광대극'이란 단어는 '전영'으로 바뀌었다. 대관루는 영화표 가격이 저렴했을 뿐만 아니라 번화가인 대책란에 있어 북경 사람들이 자주 찾았다.

원래 사진사였던 임경태는 이후 영화촬영 기술을 배워 당시 경극대왕이라고 불리던 유명한 경극배우 담흠배의 회갑을 축하하기 위하여 1935년 〈정군산〉을 찍었다. 혹시 정군산이라면 《삼국지》에서 촉나라 노장 황충이 조조가 총애하던 위나라 장수 하후연의 목을 벤 전투가 아닐까 싶어 기록을 찾아봤다. 역시 〈정군산〉은 《삼국지》 70회와 71회를 다룬 경극을 담은 영화로서, 경극의 단 세 장면만 뽑아 20분가량 촬영한 것으로 나왔다. 〈정군산〉은 〈취동천〉 또는 〈일잔성공〉이라고도 불렸으며, 주인공 격인 황충 역은 물론 담흠배가 맡았다.

이와 같이 중국 영화의 출발점은 바로 경극과의 접목이라고 할 수 있는데, 이러한 전통은 이후 1993년 진개가 감독의 〈패왕별희〉와 같은 영화에서 훌륭하게 계승된 것을 볼 수 있다.

〈정군산〉은 엄청난 성공을 거두었고, 이후 임경태는 〈금전표〉, 〈청석산〉, 〈염양루〉, 〈백수탄〉, 〈수관승〉 등과 같은 경극을 담은 영화를 더 제작했다. 그러나 아쉽게도 〈정군산〉 원본 필름은 화재로 소실되었으며, 지금은 담흠배의 몇 장의 사진만이 남아 있을 뿐이다.

2005년에는 〈정군산〉 탄생 100주년을 기념하여 임경태가 이 영화

2005년에 제작된 〈정군산〉 탄생 100주년 기념 우표.

카페 입구에는 임경태가 〈정군산〉을 찍는 장면을 재현한 청동상이 있다.

영화 〈마술사의 기이한 만남〉은 4년 동안 무려 400만 관중이 관람했다.

를 만들게 되는 과정을 다룬 동명의 영화가 다시 만들어졌는데, 이때 담흠배의 역할은 그의 후손인 담원수가 맡았다.

　1931년 대관루에서는 정식으로 유성 영화를 상영하기 시작했고, 1960년에는 북경에서 처음으로 와이드 입체 영화를 상영하기 시작했다. 특히 1962년에 상영한 입체 영화 〈마술사의 기이한 만남〉은 장장 4년 동안 무려 1만여 차례를 상영하면서 400만 관중이 관람하는 등 커다란 성공을 거두었다. 대관루가 4년 동안 〈마술사의 기이한 만남〉을 상영한 것은 기네스북에도 올라 있다.

　〈마술사의 기이한 만남〉의 내용은 정치적인 이유로 해외로 도피했던 한 마술사가 20년 전에 잃어버린 아들을 찾으러 상해에 다시 왔다가 결국에는 못 찾고 돌아가려는데, 알고 보니 아들을 찾는 것을 도와주었던 그 버스 매표원이 바로 아들이었다는 내용이다. 단순한 스토리임에도 불구하고 마술과 서커스 등 풍부한 볼거리와 속도감 있는

대관루 1층에는 대관루의 역사적인 자료가 잘 구비되어 있으며, 벽 위에는 배우들의 사진들이 걸려 있다.

화면 전개로 1시간이 어떻게 지나가는지 모를 정도로 재미있다. 무엇보다도 1960년대 당시 상해의 다양한 모습을 볼 수 있어 지금 봐도 좋다.

현재 대관루는 복합 상영관으로 탈바꿈하여 최신 영화들을 위주로 상영하고 있어, 우리나라 극장과 별 차이가 없다. 대관루라면 〈마술사의 기이한 만남〉 등과 같은 과거에 상영했던, 그러나 지금은 접하기 힘든 영화들을 따로 상영한다면 좋지 않을까라는 아쉬움이 크게 남을 뿐이다.

대관루 1층에 들어서면 대관루의 역사를 한눈에 보여주는 작은 박물관 겸 카페가 자리 잡고 있다. 다만 카페 안에 앉아 있으려면 10元 이상을 지불해야 한다. 이곳의 화장실은 비교적 깨끗한 편이므로, 혹시 대책란 거리에서 갑자기 화장실이 급하다면 이곳을 추천한다.

전통 인문학 출판사

상무인서관

商務印書館

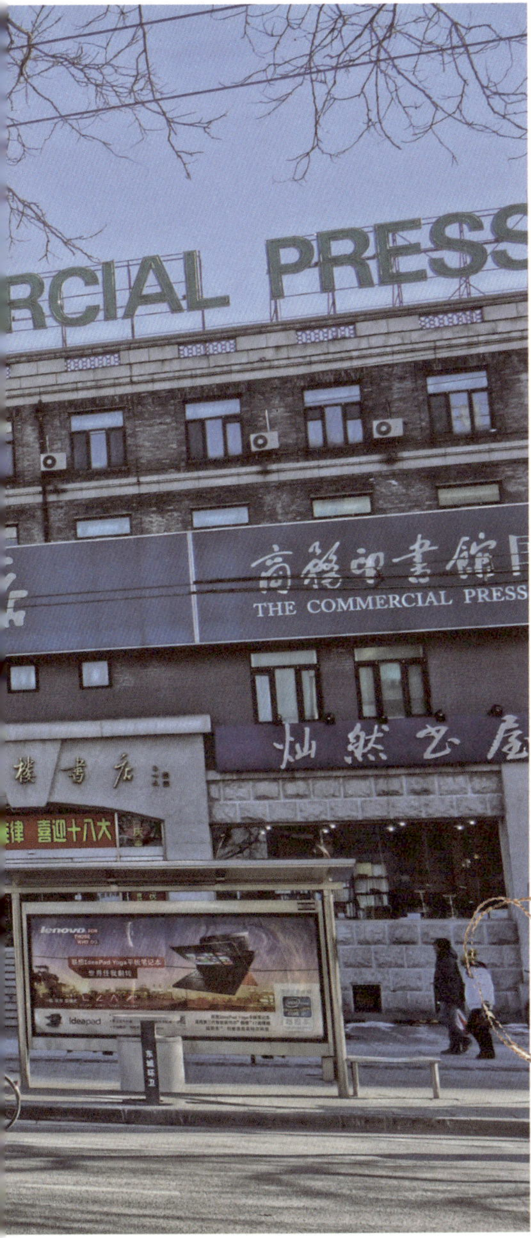
RCIAL PRESS
商務印書館
THE COMMERCIAL PRESS
喜迎十八大

❖1897~

우리나라 사람 중 중국 관련 공부를 한 사람치고 상무인서관 책을 안 본 사람이 없을 정도로 중국을 대표하는 서점이 바로 상무인서관이다. 일찍이 한자로 기록문화에 강했던 중국, 상무인서관은 그들의 책의 역사를 잇는 곳이다.

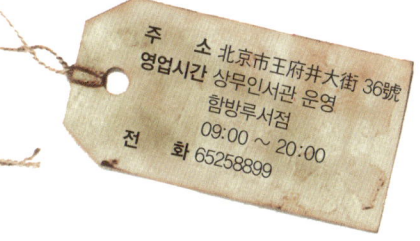

주 소 北京市王府井大街 36號
영업시간 상무인서관 운영
함방루서점
09:00 ~ 20:00
전 화 65258899

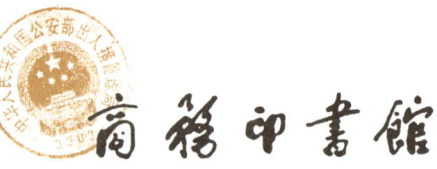

      우리나라 사람 중에 전공이 중문과이거나 중국어에 관련된 사람치고 '상무인서관商務印書館' 책을 한 권이라도 가지고 있지 않은 사람은 거의 없을 것이다. 그만큼 상무인서관은 중국을 대표하는 출판사라고 할 수 있다.

  내가 갖고 있는 책 중에서 대표적인 것만 열거해 보더라도 중국 언어학계의 거성이라고 할 수 있는 여숙상의 중국어의 허사虛詞를 상세하게 설명한 《현대한어800사現代漢語800詞》, 여숙상과 쌍벽을 이루는 조원임의 연구업적을 집대성한 《조원임전집趙元任全集》, 현대 중국어 교학 문법의 체계를 세운 유월화의 《실용현대한어어법(實用現代漢語語法》, 현대 중국어 사전의 모범이라고 할 수 있는 《현대한어사전現代漢語詞典》 등 열거할 수 없을 정도로 많다.

  2011년 개정판인 《현대한어사전》에는 이 사전이 상무인서관 창립 110주년 기념판임을 증명하는 속지가 있다. 또한 기존에 발간된 책들

상무인서관에서 출판한 대표적인 서적 중 하나인 여숙상의 《현대한어800사》와 《조원임전집》.

과는 달리 2011년부터 간행된 상무인서관 책들의 마크에는 상무인서관의 설립 년도인 1897년이 찍혀져 나온다. 상무인서관은 110년이나 지속된 노자호였던 것이다.

오랫 동안 이 출판사들의 책들을 보아 왔음에도 불구하고 이러한 사실을 간과했던 것이다. 더욱 놀라운 사실은 상무인서관이 왕부정 대로에 있다는 사실이다. 왕부정 대로를 수없이 다녔는데도 오랫동안 상무인서관을 못 봤었다니, 역시 관심 있는 것만 보게 된다는 생각에 내 자신이 부끄러워졌다.

왕부정의 번화한 거리를 쭉 따라 내려가다 보면 왕부정 교회가 나오고, 그 길을 따라 계속 가다 보면 크라운 플라자 호텔이 나오는데 그 바로 옆에 상무인서관이라는 큰 현관이 보인다. 보통 왕부정에 가서는 번화한 보행자 거리만 거닐었을 뿐 교회 위쪽으로는 가 보지 않았기 때문에 여태까지 못 보았던 것이다.

정문 앞 비석에는 '상무인서관'이라고 쓰여 있고 그 뒤에 '중국의 출판은 바로 여기에서 시작되었다 中国现代出版从这里开始'라는 문구가 써 있다.

혹시나 하는 마음에 상무인서관에 들어가려고 하니, 역시나 경비 아저씨가 잡는다. 북경 노자호를 취재하러 한국에서 왔다고 했지만 외부인은 절대로 안 된다고 한다. 여러 번 설득했지만 들어갈 수 없었다. 상무인서관에 아는 사람도 없고 난감해하는데, 아저씨가 바로 앞의 서점이 상무인서관 부속 서점이니 그곳에 가면 자료들을 찾을 수 있을 것이라고 귀띔을 해 주었다.

▲상무인서관이 1897년에 세워졌음을 나타내는 새로운 마크(좌)와 2011년 개정판 《현대한어사전》. 상무인서관 110주년 기념판임을 표시하고 있다.

상무인서관 부속서점 이름은 '함방루서점涵芳樓書店'. 이 서점은 상무인서관 책뿐만 아니라, '중화서국' 등 여러 출판사들의 책을 두루 구비하고 있었다. 무엇보다도 상무인서관이 115년이나 되었음을 표시하는 문구들이 눈에 띄었고, 다행히 이 함방루서점에서 상무인서관의 초기 역사를 다룬 사진들과 자료들을 접할 수 있었다.

상무인서관은 처음에는 북경이 아닌 상해에서 1897년 2월에 시작됐는데 하서방, 포함은, 포함창, 고풍지 등 네 사람이 함께하며 주로 인쇄업을 했다고 한다.

그러다 1902년 장원제가 상무인서관에 들어오면서부터 본격적으

▶왕부정 대로에 있는 상무인서관의 건물과 상무인서관의 자부심이 느껴지는 비석.

책에 평생을 바친 중국 제1호 출판인 장위안제가 세운 상무인서관 부속 서점인 함방루서점 내부.

  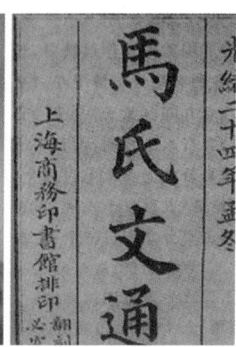

왼쪽부터 상무인서관을 세운 네 사람과 출판업을 본격적으로 시작한 장원제. 중국 최초의 현대문법책 《마씨문통》. '상해 상무인서관 인쇄'라고 명확하게 찍혀 있다.

로 출판업에 뛰어들게 되는데, 이때부터 상무인서관은 사전, 교과서 등 인문사회 분야의 전문 서적 출판을 시작했다.

중국 최초의 현대적인 문법책이라고 할 수 있는 마건충의 《마씨문통馬氏文通》역시 1898년에 상무인서관에서 출판되었다.

이후 급속도로 발전하던 상무인서관은 1932년 상해사변 당시 일본군의 포화에 그만 잿더미로 변하게 된다.

1936년에 다시 문을 열었으나, 또 다시 1937년 2차 상해사변이 나는 바람에 어려움을 겪지만 1954년, 상해에서 북경으로 옮기고 이후 여러 차례의 위기를 극복하며 인문사회 출판 분야에서 독보적인 자리를 차지했다. 뿐만 아니라 지금은 홍콩, 대만, 싱가포르 등 여러 곳에 분점을 두고 있다.

집에 돌아와서 여기저기 흩어져 있던 상무인서관 책들을 이유 없이 한쪽에다 꽂아 보았다. 중국 최고의 출판사라는 생각을 하니 책의 무게가 더 나가는 듯했다.

북경 시내 가볼 만한 서점들

왕부정서점

주　　소 東城區王府井大街 218號
영업시간 09:30 ~ 21:00
전　　화 65132842/63029202

비록 노자호는 아니지만 내가 북경에 가면 반드시 방문하는 서점들이 있다. 각각의 서점마다 특징이 있는데, 먼저 '왕부정서점王府井書店'은 '신화서점新華書店'의 왕부정 분점으로 지리적인 편함으로 오히려 본점보다 자주 가는 곳이다.

　왕부정서점은 1950년에 문을 열었으며, 2000년에 지금과 같은 현대적인 모습으로 리모델링되었다. 이곳의 가장 큰 장점은 편리함. 즉 우리나라로 치면 지금은 사라진 옛날 종로 서적과 비슷하다고 할까? 즉 층별로 각각의 서적들이 분류되어 있어 이용하기에 편하다.

편리하다는 큰 장점을 갖고 있는 왕부정서점은 2000년에 리모델링해서 더욱 편해졌다. 왕부정서점 건물 전경과 서점 내부.

　1층에는 사회과학, 철학, 정치, 역사 서적 들이 주를 이루고 2층에는 교육 관련 서적들이, 3층에는 언어 문자에 관한 책들이 많이 있다. 4층에는 문학에 관한 서적들이 있고, 5층에는 전자 등 이공계 서적들이 주를 이루며, 6층에는 전자기기 및 액세서리가 판매되고 있다. DVD나 CD는 지하에서 구입할 수 있다.

중국서점

주　　소 西城區琉璃場東街115號/西街34
영업시간 09:00 ~ 18:30
전　　화 65132842

▶고풍스러운 멋을 그대로 간직한 중국서점 입구와 내부.

'중국서점'은 유리창 거리에 있는데 왕부정서점에 비해 주로 서예, 그림, 고서적 등 문화 관련 서적들을 중점적으로 취급하고 있다. 중국서점의 특징은 한 군데가 아니라 동쪽과 서쪽 두 곳에 있다는 점이다. 특히 서쪽 거리에 있는 중국서점 2층에는 고서적들이 많이 있으므로 반드시 올라가 보길 권한다.

서점 주인이 한국에서 왔다고 하니, 조선시대의 책도 있다며 보여주었는데, 정말로 조선시대에 씌어진 《좌전》이 있었다. 《좌전》은 중국 춘추열국 역사를 기록한 책이다.

◀중국서점은 서예, 그림, 고서적 들을 주로 취급한다. 중국서점에 있는 조선시대에 발행된 《좌전左傳》.

북경상점

만성서원

주　　소 海淀區成府路 59-3號
영업시간 10:00 ~ 22:00
전　　화 62769062

'만성서원萬聖書園'은 일반인들에게는 거의 알려지지 않았지만, 개인적으로 제일 좋아하는 서점으로 아무리 바빠도 반드시 시간을 내서 가는 곳이기도 하다. 위치는 북경대 동문 역에서 내려 북경대출판사를 지나 한 10분쯤 걷다 보면 나온다. 2012년 12월에 근처로 이사를 하면서 리모델링을 해 더욱 매력적인 모습으로 탈바꿈하였다. 비록 겉보기에는 커다란 변화가 없지만 말이다.

이 만성서원은 주로 인문사회 방면의 서적들이 많은 편이어서 전공 분야 서적을 보기 위해 가는 편이지만, 내가 이 서점을 좋아하는 것은 바로 서점 안에 있는 작은 카페 때문이다. 서점에서 책을 산 다음 카페에 앉아 책을 볼 수도 있는데, 카페 유리 벽면으로는 서점 안이 훤히 보인다. 이곳은 대형 문고에 있는 다른 카페와는 달리 아늑한 분위기에서 잠시나마 편안하게 생각에 잠길 수 있는 곳으로, 정말 우리나라에서도 흔치 않은 서점다운 분위기를 자아낸다.

▶북경에서 조용함을 느끼고 싶을 때 찾는 서점이 바로 만성서원이다. 이곳의 작은 카페가 꽤 아늑하기 때문이다.

◀만성서원에는 특히 인문사회 책들이 많다.

가장 오래된 붓 전문점
대월헌 戴月軒

❖ 1916~

무려 100여 가지의 공정과정을 일일이 손으로 만드는 대월헌 붓의 품질은 중국 최고를 자랑한다. 붓 만드는 모습을 직접 볼 수도 있는 이곳에서는 저렴한 초보용부터 고가의 전문가용까지 다양한 붓이 판매되고 있다.

주　소　東城區琉璃廠東街 73號
영업시간 09:00 ~ 18:00
전　화　63014914

戴月軒

문방사우붓·먹·종이·벼루에서 첫 손으로 꼽히는 것은 바로 붓이다. 그 이유는 문방사우 중에서 붓의 역사가 가장 오래되었기 때문인데 최초의 붓은 무려 1만 년 전까지 거슬러 올라간다. 오늘날의 붓의 모습은 위진 시기221~263에 출현하였다.

'대월헌戴月軒'은 거의 100년 가까이 오직 붓만을 전문적으로 만들고 판매하는 곳이다. 유리창 거리에 있으며, 문방사우 전문점 영보재로부터 그리 멀지 않다.

대월헌은 1916년에 대빈이란 사람이 열었는데, '월헌'은 그의 호라고 한다. 대빈, 즉 대월헌은 원래 붓 가게의 점원이었는데 경험을 쌓은 후 유리창에 가게를 열었다. 대월헌의 붓 제작 기술은 매우 뛰어나 당시 많은 문인들이 대월헌의 붓을 애용했다고 한다. 대월헌의 모습은 대월헌에서 파는 모든 붓 몸통 끝에 그의 모습이 조각으로 새겨져 있고, 대월헌 안에도 그의 초상화가 붙어 있다.

북경 상점

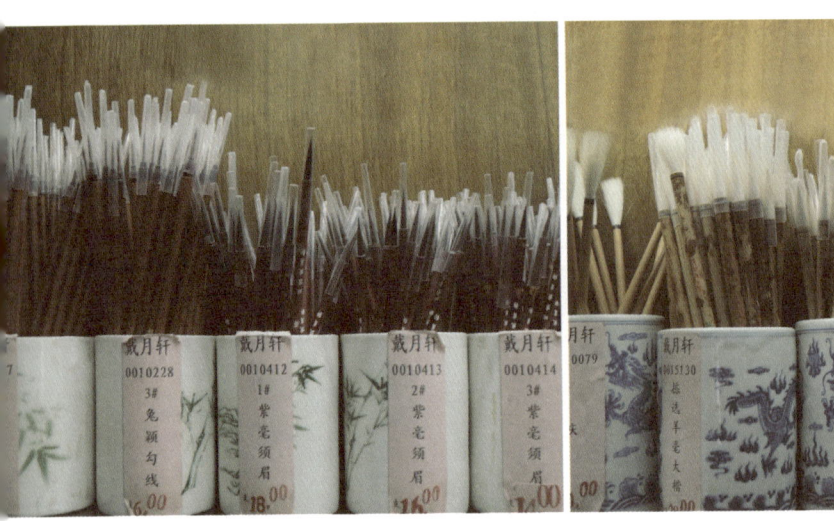

대월헌에 들어서니 입구에서부터 다양한 종류의 붓이 전시되어 있어 마치 붓 박물관을 방불케 했다. 모택동과 주은래가 애용한 붓도 전시되어 있었다.

대월헌의 가장 대표적인 붓은 호필湖笔로서 송대부터 쓰이기 시작한 것이다. 이 호필의 '호'는 절강성에 있는 호주湖洲를 가리키므로, '호필'은 절강호주의 붓이라는 뜻이다.

호필의 특징은 길이가 같은 털로 붓을 만드는 것이다. 실제 붓 만드는 것을 보니 똑같은 길이의 털을 모아 붓을 만들고 있었다. 호필은 사용하면 할수록 점점 더 검어진다고도 말하는데 실제 붓을 사용해 보지 않아 확인할 수 없었다. 호필은 재료에 따라 자호필, 양호필, 낭호필, 겸호필로 나뉜다. 자호필은 토끼털로 만든 붓으로 털 색깔이 어두

대월헌의 붓은 100년 가까이 많은 문인들이 즐겨 쓰고 있는데 모택동과 주은래도 매월헌의 붓을 애용했다.

운 자주색을 띠고 있어 자호필이라고 불린다. 붓끝은 날카롭고 탄력이 있으나 토끼털이 짧다 보니 작은 붓에만 사용되며, 오래 사용하면 털이 빠지는 단점이 있다. 양호필은 반드시 태호양자강 일대 큰 호수 일대에서 방목한 부드러운 양털로만 만드는데, 묵 흡수가 좋아 비교적 크고 긴 붓에 적합하며 청대에 많이 쓰였다.

낭호필은 족제비 털로 만든 붓으로 붓끝에 윤기가 있고 탄성이 좋은 편이지만, 털이 약해 마모되기 쉽다는 단점이 있다. 겸호필은 각각 갖고 있는 털의 단점을 보완하기 위해 두 종류 이상의 털을 일정한 비율에 따라 혼합하여 만든 것이다.

이렇게 좋은 붓을 만들다 보니 대월헌에는 문인들의 왕래가 매우 잦았는데, 중국 정치가 서세창과 학자 곽말약은 각각 현판을 써줄 정

마치 붓 박물관에 들어선 듯한 대월헌 매장과 모택동과 주은래가 사용했던 붓(아래).

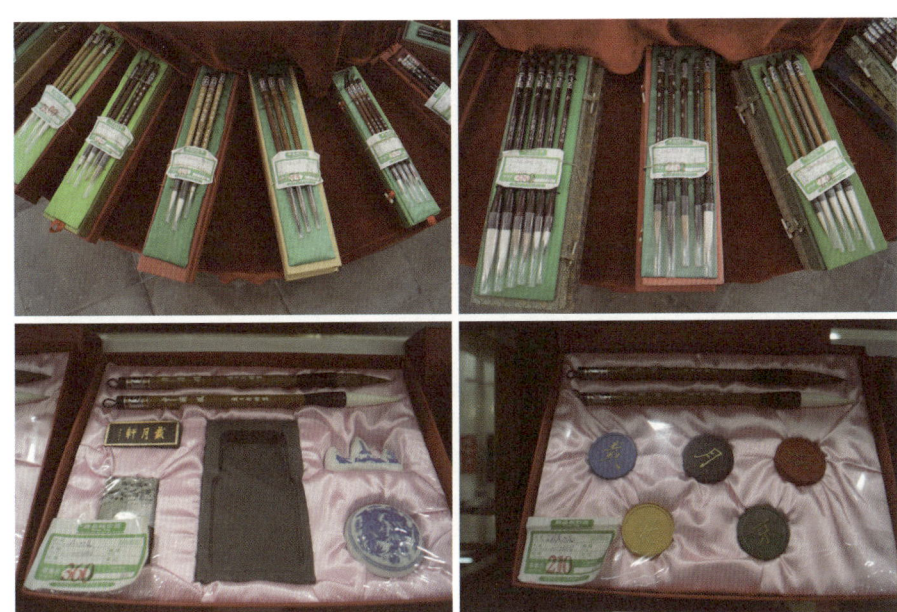

대월헌에서 판매되고
있는 다양한 종류의
붓 세트들.

도였다. 그러나 아쉽게도 이 현판들은 문화대혁명 때 파괴되어 지금은 볼 수 없다. 지금의 현판은 유명한 서예가이자 사회활동가인 조복초1907~2000가 쓴 것이라고 한다. 대월헌에서는 붓뿐만 아니라 먹과 벼루, 그리고 이것들을 모두 포함한 다양한 세트도 있다.

가게 오른쪽으로 들어가면 대월헌의 중심이라고 할 수 있는 필방이 있는데, 이곳이 바로 붓을 만드는 방이다. 누구나 들어가서 대월헌의 붓 만드는 과정을 참관할 수 있도록 개방되어 있다.

필방에 들어서자 상당히 분위기가 엄숙했다. 카메라 셔터 소리가 그런 집중된 분위기를 깨는 듯싶어 다소 민망할 정도였다. 아직까지

▶붓 몸통 끝에는 대빈의 모습이 그려져 있다.

도 도제식으로 운영되고, 특히 낭호필은 1년에 50개만 만든다고 한다.

대월헌의 붓은 지금도 완전히 수공예로 작업하고 있는데, 그 공정 과정이 무려 100여 개 정도를 거친다고 한다. 붓을 만드는 과정은 크게 재료 선택-털 뽑기-털 세척하기-붓끝 묶기-붓대 선택-붓끝과 붓대 결합-붓끝 형상 만들기-붓대에 글자를 새김 순으로 마무리된다.

필방 옆에는 또 도장을 만드는 곳도 있다. 제각기 다른 재료를 이용해 만든 도장을 구입하여 이름을 새길 수 있는데, 가격은 도장 값재질에 따라 값이 다름에 글자 수최대 3글자를 곱한다. 글자가 많아지면 글자수 당 30元이 추가된다. 글씨체 역시 그림을 보고 고르면 되는데, 나는 에서체 도장을 갖고 있어 전서체 도장을 골랐다. 도장 가격은 80元. 여기에 이름 석 자를 새기느라 90元이 더 들었으니 배보다 배꼽이 더 큰 꼴이지만 믿을 만한 곳에서 만들었다고 생각하니 기분이 좋았다.

◀대월헌의 붓은 완전히 수공예로 작업한다. 필방에서 붓을 제조하는 모습.

중국 전통 과자 전문점
북경도향촌
北京稻香村

❖ 1895~

중국 전통 과자 전문점인 북경도향촌은 일반 도향촌과 달리 중국 상무부가 정식으로 인정한 북경 노자호이다. 북경도향촌은 작은 가게에서 100년 넘도록 전통 과자를 구워 북경 사람들의 입맛을 사로잡았다.

주　소 五道口店 海淀區成府路 99號
영업시간 08:00 ~ 17:30
전　화 五道口店 62766685

북경 시내를 거닐다 보면 중국의 전통 과자를 파는 도향촌稻香村을 자주 볼 수 있다. 내가 본 것만 해도 북경대 동문 근처, 동안시장, 대책란 등 꽤 여러 곳이다. 도향촌은 우리나라에서는 월병을 파는 곳이라고 알려졌지만 실제로는 월병을 포함한 중국의 전통 과자인 고점 전문점으로서 전통 과자 모두를 판매한다. 따라서 도향촌에서는 음력 정월15일인 원소절에는 '원소元宵'를 팔고, 단오에는 '종자粽子'를 팔고, 추석에는 월병을 주로 판다.

한 가지 주의해야 할 점은 북경에서 보는 도향촌이 두 군데라는 점이다. 하나는 일반 마트나 길에서 흔히 볼 수 있는, 소주 지방에 뿌리를 두고 있는 도향촌으로서 현판에는 그냥 '도향촌'으로 표시되어 있으며 기원이 1773년이다.

다른 하나는 북경도향촌으로 현판에 '북경도향촌'이라고 쓰여 있으며 전문점에서만 판다.

북경도향촌 오도구점(위)과 동안시장점(아래) 풍경.

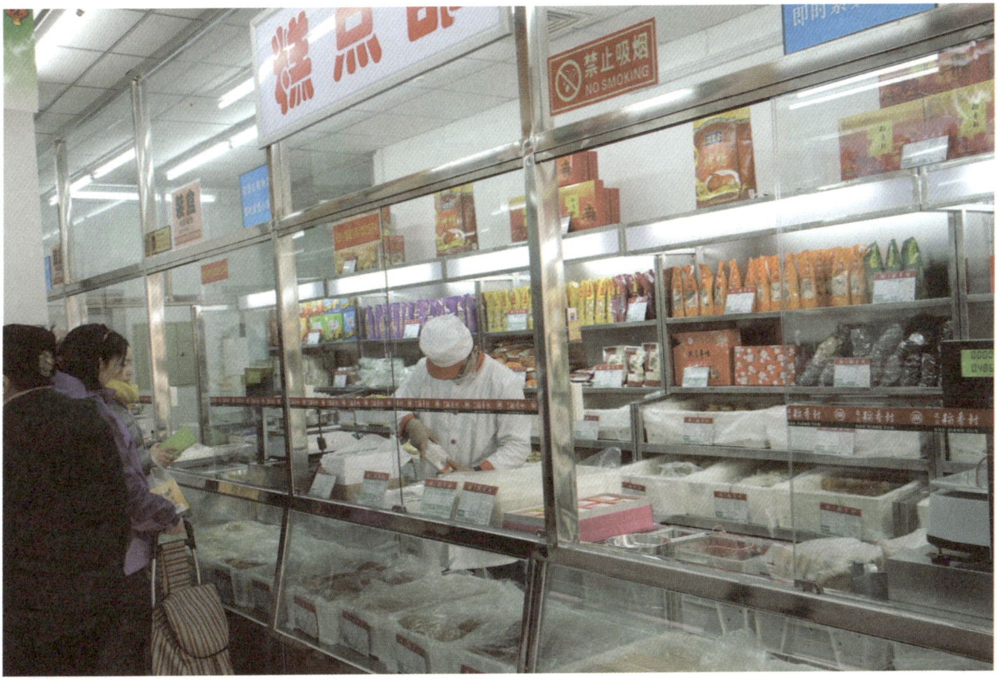
禁止吸烟
NO SMOKING

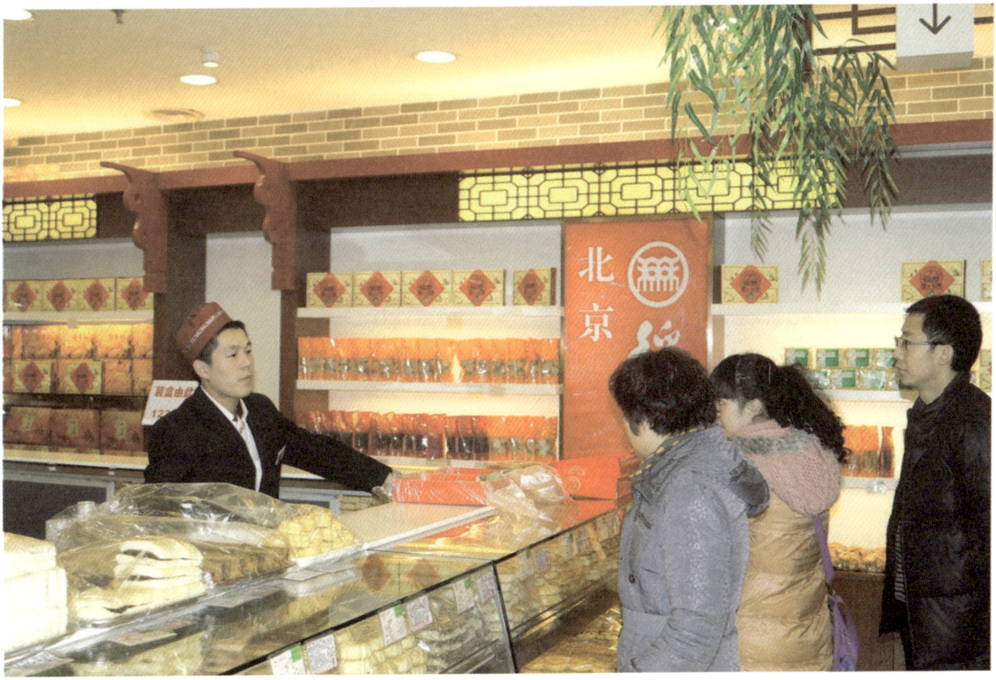
北
京

두 곳 모두 전통이 있지만 이 책에서 소개할 곳은 북경도향촌이다. 그 이유는 첫째 북경에 기반을 두고 있고, 중국 상무부가 정식으로 인정한 북경 노자호이기 때문이다.

북경도향촌은 북경에서 남쪽 지방의 풍미를 맛볼 수 있는 첫 번째 가게로 남경 출신의 곽보생이 1895년 전문 거리 관음사 근처에 열었다.

도향촌이라는 이름은 '벼 향기 풍기는 마을'이라는 뜻인데, 가게 이름에 대해서는 두 가지 이야기가 있다. 하나는 청나라 때 지어진 유명한 소설 《홍루몽》에서 주인공 보옥이 형수의 거처를 가리킬 때 '도향촌'이라는 이름을 썼는데, 거기에서 유래했다는 설이다. 참고로 《벙어리 삼룡이》로 유명한 소설가 나도향 역시 《홍루몽》에 나오는 도향촌에서 본인의 호를 따왔다고 한다.

다른 하나는 보다 신비로운 이야기다. 수백 년 전, 강소성과 절강성 인접 지역에서 고기를 파는 작은 가게가 있었는데, 하루는 이 가게에 구걸을 하는 한 절름발이가 왔다고 한다. 그를 가엾이 여긴 주인은 그에게 음식을 대접하고 가게에 볏짚을 깔고 하룻밤 묵게 했다. 다음날 그 절름발이가 떠난 후 주인은 그 볏짚을 불에 태워 버렸는데 이때 타는 냄새가 몹시 향기로웠다. 비로소 가게 주인은 그가 바로 중국의 팔대 신선 중 하나인 이철괴임을 알게 되었다. 이후 가게 이름을 '도향촌'으로 바꾸고 업종도 고기에서 전통 과자로 바꿨는데 그 다음부터 승승장구했다고 한다.

북경도향촌의 가게 내부는 그다지 큰 편은 아니지만, 다양한 종류

북경도향촌에서 판매 중인 다양한 중국 전통과자인 고점들.

의 과자들이 전시되어 있었다. 솔직히 너무 많아 어느 것이 어느 것인지 구분하기 힘들 정도였다.

중화민국 성립 이후 많은 남방 사람들이 북경으로 상경했는데 이 사람들의 입에는 북경의 전통 음식이 잘 맞지 않았다고 한다. 남방 사람들은 자연스럽게 남방 지역인 남경 출신의 곽보생이 만드는 북경도향촌의 단골이 되었다. 중국의 대문호가 노신 역시 북경도향촌의 단골이었는데 노신의 일기에도 북경도향촌이 여러 번 언급될 정도였다고 한다.

북경도향촌에서 몇 개의 과자를 사서 먹어 봤다. 장원병狀元餠은 팥과 대추로 만든 앙금이 들어 있어 그 맛이 달콤했다.

위에 참깨가 뿌려져 있는 지마병芝麻餠 역시 상당히 고소했는데 안은 의외로 부드러워 금세 부서져 버렸다.

모양만으로도 시선을 끄는 꽃 모양의 조화소棗花酥는 팥과 대추를 농축시킨 맛이 났다. 약간 달아 차와 함께 곁들이면 좋은 간식이 될 것 같았다.

북경도향촌 과자는 북경에 가지 않아도 맛볼 수 있다. 서울 명동에 있는 중국 대사관 근처에 도향촌이 있기 때문이다. 이곳은 1968년도에 문을 열고 40년 넘도록 중국 전통 과자를 굽고 있다.

위부터 차례로 장원병, 지마병, 조화소, 십경월병.

명동에 있는 도향촌. 유리창에 월병전문점이라고 써 있다.

    이곳의 주인이 직접 북경도향촌의 기술자를 초빙하여 제조기술을 배웠다고 하니, 북경도향촌과는 어느 정도 간접적인 연관성이 있는 셈이다. 북경도향촌과 달리 이곳에서는 계절의 구애를 받지 않고 월병을 먹을 수 있다는 장점이 있다.

    명동 도향촌에서 판매되는 호두, 잣, 아몬드 등 16가지 견과류가 들어가 있는 십경월병은 씹으면 씹을수록 고소한 맛이 더해졌는데 역시 도향촌의 대표는 월병이라는 생각이 들었다.

북경에는 짜장면이 없다
노북경작장면을 찾아서
老北京炸醬面

북경에는 옛날식 작장면을 파는 유명한 집들이 몇 있다. 그중에서 가장 유명한 집은 홍교시장 근처에서 신세계백화점 근처로 옮겨간 '노북경작작면대왕'과 전문 대로에 있는 '노북경작장면', 선어구 쪽의 '영풍유면' 등이다.

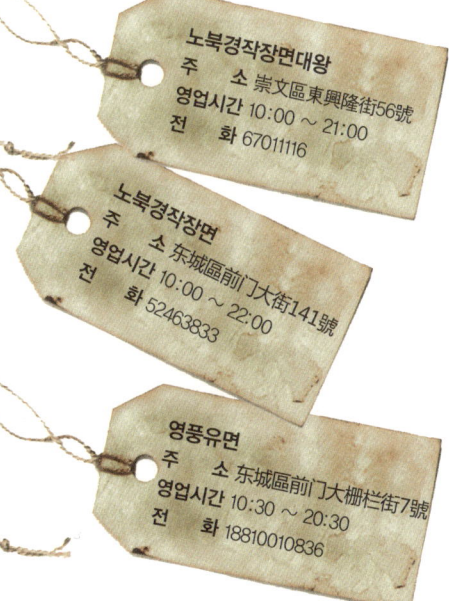

노북경작장면대왕
주　　소 崇文區東興隆街56號
영업시간 10:00 ~ 21:00
전　　화 67011116

노북경작장면
주　　소 東城區前門大街141號
영업시간 10:00 ~ 22:00
전　　화 52463833

영풍유면
주　　소 東城區前門大柵欄街7號
영업시간 10:30 ~ 20:30
전　　화 18810010836

老北京炸酱面

"어머님은 짜장면이 싫다고 하셨어. 어머님은 짜장면이 싫다고 하셨어."

GOD의 '어머님께'라는 노래 가사이다. 이처럼 짜장면은 386세대 혹은 이전 세대에게 아주 특별한 음식이다. 지금이야 패밀리 레스토랑과 피자집 등이 많아 짜장면의 의미가 다소 희미해졌지만, 그럼에도 불구하고 짜장면은 여전히 우리나라 사람들에게 있어서 특별한 음식이다.

그런데 우리가 먹는 짜장면은 중국에는 없다. 몇 년 전 한 방송사가 〈짜장면의 진실〉이라는 다큐멘터리를 만들어 한국식 짜장면이 어떻게 만들어졌는지 자세하게 다룬 적이 있는데, 이 다큐에 따르면 짜장면의 역사는 1883년으로까지 올라간다. 중국 산동에서 우리나라로 건너온 화교들이 삶은 국수에 야채와 춘장을 넣고 비벼 먹었는데 그 작장면이 바로 짜장면이란 것이다. 그리고 지금까지 알려진 바로는 인천 차이나타운에 있는 중국집 공화춘에서 1905년부터 작장면을 판매

노북경작장대왕면에 있는 옛날 북경 사람들이 작장면 먹는 모습을 재현한 조각상.

하기 시작했다는 것인데, 원로 화교들의 증언에 따르면 공화춘 이전에도 이미 다른 중국집에서도 작장면을 팔았다고 한다.

그런데 1945년 작장면이 마치 트랜스포머처럼 짜장면으로 바뀌게 된 일대 전기가 생기게 된다. 즉 캐러멜 색소가 첨가된 사자표 춘장이 등장하게 된 것이다. 이로 인해 중국의 작장면과는 다른 달콤한 우리만의 짜장면이 탄생하게 된 것이다. 결국 중국의 작장면과 같았던 것이 사자표 춘장으로 인해 다른 음식으로 변해 버린 것이다.

북경에서 옛날 북경식 작장면을 파는 곳으로 제일 유명한 곳은 '노북경작장면대왕老北京炸醬面大王'이다. 노북경작장면대왕이 홍교시장 근

고급스러운 실내 풍격과 옛날 북경식 복장을 입고 있는 노북경작장대왕 종업원들.

처에 있다고 해서 일부러 찾아갔으나 찾지 못했다. 이상하다고 생각해 지나는 사람에게 물어보았더니 2011년에 숭문구에 있는 신세계백화점 근처로 이사를 했다는 것이다.

다행히 멀리서도 잘 보이는 커다란 현판 덕분에 신세계백화점 근처에서는 찾기가 어렵지 않았다. 문 앞에는 공수를 하는 주인장으로 보이는 석상이 서 있고, 그 옆에는 술 한잔 하면서 담소를 나누는 북경인들의 석상이 보였다.

문 양쪽 옆에는 '한 그릇의 작장면이 옛날 북경의 추억을 되새기게 한다-碗炸醬面重溫舊京城'라는 문구가 걸려 있었다. 노북경작장면대왕으로 들어가자마자 춘장 냄새가 가득했다. 입구에서 춘장을 볶고 있었던 것이다.

안은 새로 옮긴 탓인지 밖에서보다 훨씬 더 넓고 분위기도 이름처럼 노북경스러웠다. 종업원 역시 옛 북경 스타일의 옷을 멋스럽게 차려 입고 손님들을 반갑게 맞이했다.

작장면 집에 왔으니 당연히 노북경식 작장면과 려타곤驢打滾을 주문했다. 작장면을 주문하자 점원은 테이블 세팅을 하고는 춘장이 담긴 작은 종지를 갖다 주었다. 그리고는 바로 큰 쟁반에 담긴 여러 종류의 야채와 면을 보여 주더니 옆의 테이블로 갖고 가서 면이 담긴 그릇에 야채들을 놀라운 손놀림으로 담아냈다. 다양한 야채들이 듬뿍 들어간 작장면은 보기에도 먹음직스러웠다. 작은 종지에 담긴 춘장은 종지 끝 부분에 기름이 둘러 있었는데, 한국의 짜장 향과 비슷했다. 처음에는 춘장의 양이 너무 적은 건 아닌가 싶었는데, 면과 고루 섞다 보니 충분했다.

 면은 완전 쫄깃한 것은 아니지만 우동면 같아 새로웠고, 고기도 조금 짠 듯했지만 맛있었다. 고소한 콩과 샐러리를 비롯한 다양한 야채가 듬뿍 들어간 작장면은 우리의 짜장면과는 조금 달라 약간 어색한 맛이 있었지만 너무 맛있었다.

 려타곤은 찹쌀 가루로 만든 경단에 엿을 바르고 콩가루를 묻힌 일종의 떡인데, 작장면과 마찬가지로 옛날 북경 사람들이 즐겨 먹었던 음식 중의 하나다. 이 려타곤은 인절미에 팥을 넣어 돌돌 말아 놓은 듯한 맛으로 우리의 입맛에는 너무나 친숙하다. 우리의 인절미보다는 덜 고소한 편이지만, 찰진 떡과 단맛 나는 팥의 조화가 아주 맛있다.

 작장면으로 유명한 곳은 노북경작장면대왕 외에 '노북경작장면'이 있다. 전문 대로 끝에 있는 이곳은 같은 건물에 양고기 샤브샤브 전문점인 동래순이 있어 찾기가 어렵지는 않다. 건물 내부는 현대적으로 인테리어가 되어 있어 우리가 생각하는 중국집과는 거리가 멀다. 워낙 유명한 집이라 작장면을 먹으러 온 외국인의 모습도 눈에 띄었다.

 노북경작장면의 작장면은 노북경작장면대왕의 작장면과 조금 달라 보였다. 일단은 일체의 재료들을 들고 와서 섞어 주는 퍼포먼스 대신 재료들이 면과 함께 섞여 나왔다. 다만 춘장은 노북경작장면대왕과 마찬가지로 따로 나왔다. 마치 우리의 간짜장처럼 말이다. 또한 노

▶노북경작장면대왕의 작장면 세트. 다양한 야채들을 듬뿍 넣은 작장면은 꽤 맛있다.

▶노북경작장면대왕의 려타곤은 인절미와 비슷해 우리 입맛에 친숙하다.

북경상점

전문 대로 끝에 위치한 노북경작장면 전경.

북경작장면대왕에 비해 춘장과 면이 잘 비벼지지 않았으며, 같이 나오는 재료의 양도 현저히 적어 짠맛이 났다. 한국인인 내 입맛에 맞지 않은 것인지 모르겠지만, 개인적으로는 노북경작장면대왕에 비해 맛은 좀 별로였던 것 같다.

또 다른 노북경작장면으로 유명한 곳은 선어구 쪽의 '영풍유면永豐莜面'이다. 유면은 흔히 말하는 귀리로서 연맥이라고도 한다. 영풍유면은 1862년부터 시작된 집으로 역사가 유구한데 이 집에서 자랑하는 요리가 바로 노북경식 작장면이다.

영풍유면의 작장면은 노북경작장면과 기본 재료 구성은 비슷하지만 야채의 양이 노북경작장면대왕처럼 풍성하고 더 먹음직스러웠다. 그럼에도 불구하고 역시나 기본적으로 춘장이 잘 섞이지 않았고 맛은 다소 짰다.

90년대만 하더라도 북경에서 작장면집을 찾기가 그리 쉽지 않았다. 그러나 지금은 거리에서 가장 쉽게 찾아볼 수 있는 식당이 바로 노북경작장면을 파는 식당들이다. 노북경작장면이 과거의 영광을 되찾은 것 같다. 그러나 아쉽게도 노북경작장면을 다루는 식당 그 어떤 곳도 중국 상무부로부터 정식으로 노자호로 인정받지는 못했다.

여기에서 한 가지 짚고 넘어가고 싶은 것이 있다. 우리말에서 '작장면'과 '짜장면' 도대체 어느 표기가 맞는가라는 점이다. 결론적으로 현재에는 두 가지 모두 맞다. 국립국어원은 60년대 국어사전에 자장면

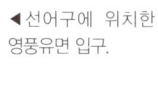
◀선어구에 위치한 영풍유면 입구.

이라고 되어 있고, 예전 신문들이 자장면이라고 표기하고 있었으므로 자장면을 표준어로 지정했으나 대부분의 국민들이 자장면 대신에 짜장면이라고 발음하고 있어 결국 2011년에 자장면과 짜장면 둘 다 표준어로 인정했다.

솔직히 나는 이러한 외래어 표기법을 그다지 좋아하지 않는다. 특히 중국어의 경우 이 외래어 표기법으로 정확하게 표시한다는 것은 불가능하다고 생각한다. 기술적인 문제는 제쳐 두더라도 이 원칙에 따라 정확하게 표기할 수 있는 사람이 얼마나 되느냐 하는 점이다.

또한 신해혁명辛亥革命을 기준으로 그 이전은 독음으로, 그 이후는 외래어표기법으로 하게 된다면 '全聚德'은 '전취덕'으로, '東來順'은 '똥라이으'로 표기해야 한다. 같은 노자호라도 몇 년의 차이로 인해 다른 표기법으로 표현하는 웃지 못할 상황이 생기게 되는 것이다. 한자 독음

▶최근 들어 노북경 작장면집들이 많이 생기고 이곳을 찾는 사람들도 많아지고 있다.

요즘 북경에서는 작장면을 파는 가게들을 쉽게 발견할 수 있다.

으로 정확하게 표시할 수 있는데 굳이 혼란스럽고 번거로운 외래어 표기법을 따를 필요가 있을까 싶다.

사실 '작장면zhájiàngmiàn'과 '짜장면jjangjangmyun'은 비슷하지만 결국 다른 개념을 가진 존재다. '자장면'이 실제로 가리키는 것은 우리나라의 짜장면인데, 그러나 외래어 발음 표기원칙에 따라 발음은 중국의 '작장면'에 근거하고 있으므로 개념상의 불일치가 일어나는 것이다.

실제로 우리나라 국민 대부분이 짜장면으로 발음하는 것은 중국의 작장면이 아니라 우리나라의 짜장면이다. 즉 우리의 짜장면과 중국의 작장면은 다른 개념인데, 이를 굳이 중국식 발음에 억지로 맞춰서 자장면이라고 발음하는 것은 상당히 어색한 끼워 맞추기인 것이다. 그래서 여기에서는 설명의 편의를 위해 우리의 것은 '짜장면'으로, 중국의 '炸醬面'은 독음인 '작장면'으로 표기했다.

Plus

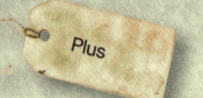

사천의 대표국수 단단면을 맛볼 수 있는 력력力力

주　　소 崇文區鮮魚口街 78號
영업시간 10:00 ~ 21:00
전　　화 68583615

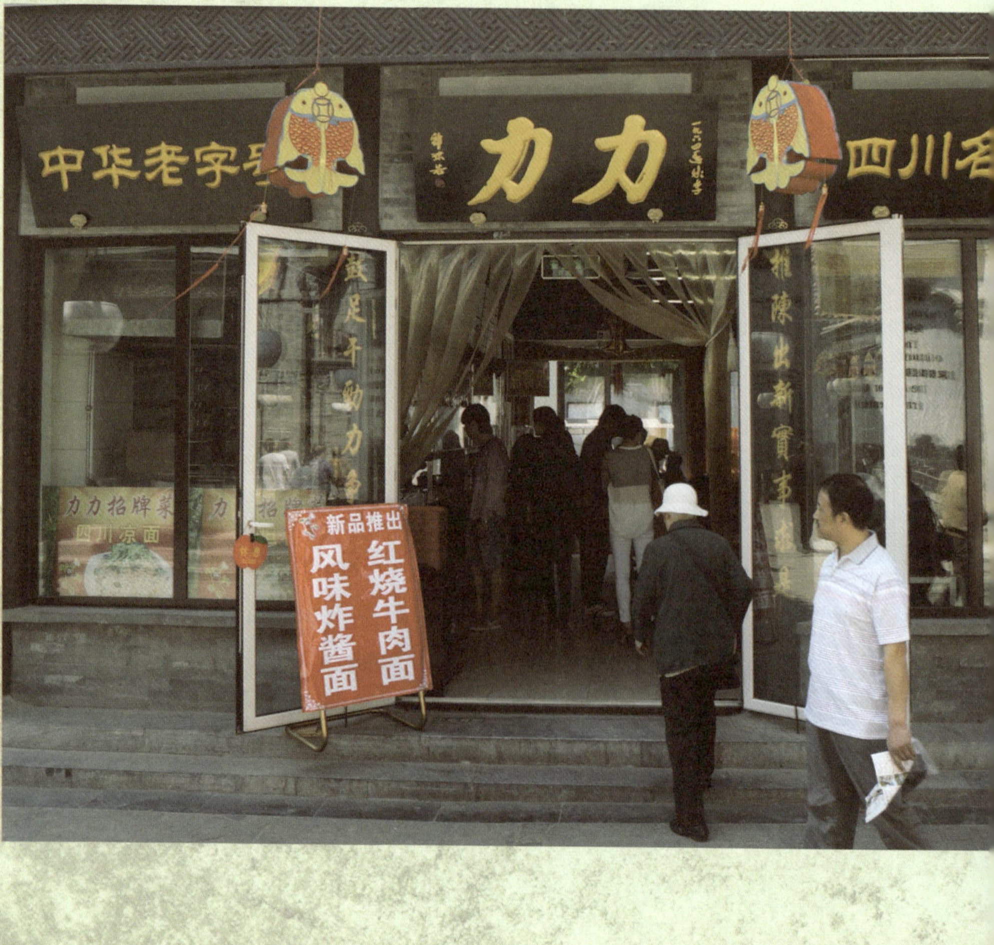

북경의 대표적인 면 요리가 작장면이라면, 사천 지방의 대표적인 면 요리는 단단면担担面이다. 우리나라에서 흔히들 '탄탄면'이라고 부르는 것이 바로 이것이다. 북경에서도 사천 지방의 전통 단단면을 맛볼 수 있는 곳이 있으니 바로 '력력力力'이다.

력력식당은 1954년 전문 대로에 문을 열었는데, 처음에는 '노동식당'이라고 불렸다고 한다. 그러다가 노자호 애호가인 곽말약 선생이 '노동勞動'이라는 글자에서 '힘 력力'자만 빼내 '력력力力'으로 고치고 손수 현판을 썼는데 이때부터 식당 이름이 력력으로 바뀌었다고 한다. 력력은 비록 1954년부터 시작됐지만 그 특수성으로 인해 2011년 중국 상무부는 이곳을 노자호로 인정했다.

력력 내부는 상당히 아담한 편이다. 주인과 종업원 모두 친절하다. 력력의 대표적인 음식인 단단면을 시켜놓고 보니 보기부터 심상치 않다. 잘게 갈아 넣은 고기와 견과류, 채 썬 파 등이 어우러져 너무나 맛있었다. 도대체 무엇을 넣은 것일까 하는 생각이 머리를 떠나지 않았다. 첫맛은 그리 맵지 않은데, 먹을수록 매운 맛이 더해져 나중에는 입안이 얼얼했다. 매운 것을 좋아하는 사람들이라면 아주 좋아할 맛이었다. 추운 겨울에 단단면을 먹고 나니 온몸이 다 따뜻해졌다. 확실히 우리나라나 다른 중국 식당에서 먹는 단단면과는 비교가 되지 않았다.

력력의 또 다른 대표적인 면은 홍소우육면紅燒牛肉面. 홍소우육면은 고기를 사각형으로 썰고 청경채를 넣어 맛이 깔끔하다. 국물도 맑고 순하다. 따라서 매운맛보다 순한 맛을 선호하는 사람이라면 단단면보다 홍소우육면을 시키면 맛있게 먹을 수 있다.

나오는 말

북경의 오래된 상점 노자호를 다니면서 이들 노자호들이 크게 세 가지로 구분된다는 것을 알 수 있었다.

첫째는 경쟁 상대 없이 독점하는 경우. 소맥을 파는 도일처, 동인당, 혼돈후 등이 이에 속한다.

둘째는 서로 경쟁관계에 있다 나중에 생긴 가게가 먼저 생긴 가게를 추월하는 경우다. 전취덕과 편의방, 동래순과 정양루, 성석복과 동승화가 이에 속한다. 후발주자들은 당대 최고의 기술자들을 거액을 들여 스카우트해 선행주자들을 앞섰다.

셋째, 지속적인 경쟁관계를 통해 서로 발전하는 경우인데 오유태와 장일원 등이 여기에 속한다.

앞으로 100년 동안 또 어떤 노자호들이 지속해서 상점을 이어갈 수 있을지 궁금하지만, 필자의 개인적인 생각으로는 경쟁관계 없이 오랫동안 독점하는 경우보다는 서로 경쟁하는 쪽이 보다 긍정적인 발전을 하지 않을까 싶다. 어떤 것이든 독과점은 매너리즘과 각종 부작용을 야기하기 쉽기 때문이다.

북경에는 이렇게 수많은 100년 이상의 노자호들이 있는 반면, 우리나라에서는 안타깝게도 이러한 가게들을 찾아내기가 쉽지 않다. 원조를 내세우는 가게들은 기껏해야 30~40년 전통을 내세운다. 그 유명한 샘표 간장도 60년밖에 되지 않았다.
물론 우리나라에도 100년 전통을 자랑하는 금박가게 '금박연', 3대를 잇는 '송림수제화'같이 100년 이상 운영되고 있는 상점들이 존재하지만 열 손가락에 꼽을 정도다. 북경의 노자호들을 둘러보면서 앞으로는 우리나라 가게들도 100년 전통을 잇는 곳이 많아지길 바라는 마음이 커졌다.

참고문헌

니코스 카잔차키스(Nikos Kazantzakis), 《일본·중국 기행》, 이현인 옮김(2008), 열린책들.

Stefan Kramer(1997), Geschichte des chinesischen Films, 황진자(2000) 옮김, 《중국영화사》, 이산.

北京美食地圖編輯部(2008), 《北京美食地圖》, 유성호 옮김(2008), 《북경에서 중국을 맛보다》, 풀로엮은집.

金開誠(2009) 《中華飮食老字號》, 吉林文史出版社.

人民大學出版社(2009), 《北京的老字號》, 人民大學出版社.

任學明(2011), 《中華老字號經營知慧》, 外代出版社.

徐城北(2006), 《轉型艱難老字號》, 新世界出版社.

楊建業(2011), 《前門和前門的前說》, 中國社會出版社.

張競(1997), Chuka Ryori No Bunka-Shi, 박해순(2002) 옮김, 《공자의 식탁》, 뿌리와이파리.

張金起(2008), 《百年大柵欄》, 重慶出版社.

도현신(2011), 《전쟁이 요리한 음식의 역사》, 시대의창.

양세욱(2009), 《짜장면뎐》, 프로네시스.

북경 상점

발행일 | 초판 1쇄 2013. 6. 15

지은이 | 조경환
펴낸이 | 임후남

디자인 | 애드디자인
인 쇄 | 천일문화사

펴낸곳 | 생각을담는집
주 소 | 서울시 양천구 목동 917-9 현대41타워 3903
전 화 | 편집 070-8274-8587 영업 02-2168-3787
팩 스 | 02-2168-3786
전자우편 | mindprinting@hanmail.net

ⓒ조경환, Printed in Seoul, Korea
이 책의 판권은 지은이와 생각을담는집에 있습니다.
양측의 서면 동의 없는 무단 전재 및 복제를 금합니다.

978-89-94981-26-0 13910

이 도서의 국립중앙도서관 출판시도서목록(CIP)은
서지정보유통지원시스템 홈페이지(http://seoji.nl.go.kr)와
국가자료공동목록시스템(http://www.nl.go.kr/kolisnet)에서 이용하실 수 있습니다.
(CIP제어번호: CIP2013007491)

* 책값은 뒤표지에 있습니다.
* 잘못 만들어진 책은 구입하신 곳에서 교환해 드립니다.

中华老字号

中华老字号